|法律法规新解读|第五版

政府采购法
解读与应用

刘海龙 编著

中国法治出版社
CHINA LEGAL PUBLISHING HOUSE

全新升级第五版

出版说明

"法律法规新解读"丛书作为一套实用型法律图书,历经四版,以其专业、实用、易懂的优点,赢得了广大读者的认可。自第四版后,相关法律规定已发生较大变化,司法实践中也出现了不少新的法律问题,第五版立足"实用",以关注民生、服务大众为宗旨,切实提升内容实用性;致力"易懂",使本丛书真正成为"遇事找法者"运用法律维护权利和利益的利器。本丛书选取与日常生活密切相关的法律领域,将各领域的核心法律作为"主体法",并且将与主体法密切相关的法律规定汇编收录。

"法律法规新解读"丛书独家打造七重法律价值:

1. 出版专业

中国法治出版社是中华人民共和国司法部主管主办的中央级法律类专业出版社,是国家法律法规标准文本的权威出版机构。

2. 条文解读精炼到位

重难点法条以【条文解读】形式进行阐释,解读内容在吸取全国人大常委会法制工作委员会、最高人民法院等部门对条文的权威解读的基础上,结合实际编写,简单明了、通俗易懂。

3. 实务应用精准答疑

根据日常生活中经常遇到的纠纷与难题,以【实务应用】形式提炼归纳出问题点,对标热点难点,精准答疑解惑。

4. 案例指引权威实用

专设【案例指引】板块,选取最高人民法院公报案例、典型案例、各地区法院公布的经典案例以及中国裁判文书网的终审案例等,以案说法,生动地展示解决法律问题的实例。同时,原文收录一部分最高人民法院、最高人民检察院公布的指导性案例,指导实践更准确、更有力。

5. 关联参见检索便捷

除精选与主体法相关联的法律规定外,在主体法中以【关联参见】的方式链接相关重要条文,帮助读者全方位理解相关规定内容。

6. 附录内容实用丰富

书末收录经提炼的法律流程图、诉讼文书、纠纷处理常用数据、重点法律术语速查表等内容,帮助读者大大提高处理法律事务的效率。

7. 超值赠送增值服务

扫描图书后勒口二维码,免费使用中国法治出版社【法融】数据库。读者可查阅"国家法律法规"栏目和"案例解析"栏目中的"最高法指导案例"和"最高检指导案例"的内容。

中国法治出版社

《中华人民共和国政府采购法》
法律适用提示

政府采购活动是一项集法律性、程序性、技术性、管理性于一体的工作。目前,以《政府采购法》①《政府采购法实施条例》为核心,辅助《政府采购货物和服务招标投标管理办法》《政府采购非招标采购方式管理办法》《政府采购质疑和投诉办法》等部门规章和规范性文件,共同构建起了我国政府采购的法律体系。

1. 政府采购的定义。《政府采购法》第二条对政府采购的范围进行了规定:本法所称政府采购,是指各级国家机关、事业单位和团体组织,使用财政性资金采购依法制定的集中采购目录以内的或者采购限额标准以上的货物、工程和服务的行为。

2. 政府采购的基本原则。根据《政府采购法》第三条、第九条的规定,政府采购应当遵循公开透明原则、公平竞争原则、公正原则和诚实信用原则。政府采购应当有助于实现国家经济和社会发展政策目标,包括保护环境,扶持不发达地区和少数民族地区,促进中小企业发展等。

3. 政府采购的资金性质:财政性资金。根据《政府采购法》第二条和《政府采购法实施条例》第二条的规定,政府采购使用的是财政性资金,即纳入预算管理的资金。对于以财政性资金作为还款来源的借贷资金,也视同财政性资金。在政府采购中可能存在既使用财政性资金又使用非财政性资金的,使用财政性资金采购的部分,适用政府采购

---

① 为便于阅读,本书中相关法律文件名称中的"中华人民共和国"字样都予以省略。

法；财政性资金与非财政性资金无法分割采购的，统一适用政府采购法。

4. 政府采购的范围：集中采购目录和采购限额标准。集中采购目录包括集中采购机构采购项目和部门集中采购项目。技术、服务等标准统一，采购人普遍使用的项目，列为集中采购机构采购项目；采购人本部门、本系统基于业务需要有特殊要求，可以统一采购的项目，列为部门集中采购项目。省、自治区、直辖市人民政府或者其授权的机构根据实际情况，可以确定分别适用于本行政区域省级、设区的市级、县级的集中采购目录和采购限额标准。

5. 政府采购的方式。根据《政府采购法》第二十六条至第三十二条的规定，政府采购主要分为以下几种方式：公开招标、邀请招标、竞争性谈判、单一来源采购、询价以及国务院政府采购监督管理部门认定的其他采购方式。公开招标，是指招标人以招标公告的方式邀请不特定的法人或者其他组织投标。邀请招标，是指采购人依法从符合相应资格条件的供应商中随机邀请三家以上供应商，并以投标邀请书的方式邀请其参加投标。竞争性谈判，是指采购人通过与符合相应资格条件不少于三家的供应商分别谈判，商定价格、条件和合同条款，并允许谈判对象二次报价确定签约人，最后从中确定成交供应商的采购方式。询价，是指询价小组向符合资格条件的供应商发出采购货物询价通知书，要求供应商一次报出不得更改的价格，采购人从询价小组提出的成交候选人中确定成交供应商的采购方式。国务院政府采购监督管理部门认定的其他采购方式，如竞争性磋商。竞争性磋商采购方式，是指采购人、政府采购代理机构通过组建竞争性磋商小组与符合条件的供应商就采购货物、工程和服务事宜进行磋商，供应商按照磋商文件的要求提交响应文件和报价，采购人从磋商小组评审后提出的候选供应商名单中确定成交供应商的采购方式。

6. 政府采购信息发布。政府采购信息，包括公开招标公告、资格预审公告、单一来源采购公示、中标（成交）结果公告、政府采购合同公告等政府采购项目信息,以及投诉处理结果、监督检查处理结果、集中采购机构考核结果等信息。财政部门、采购人和其委托的采购代理机构对提供的政府采购信息的真实性、准确性、合法性负责。政府采购信息的发布媒介包括中国政府采购网及省级以上财政部门指定的发布媒体。其中,中央预算单位政府采购信息应当在中国政府采购网发布,地方预算单位政府采购信息应当在所在行政区域的中国政府采购网省级分网发布。

7. 政府采购的质疑与投诉方法。财政部依据《政府采购法》《政府采购法实施条例》的相关规定专门制定了《政府采购质疑和投诉办法》,对政府采购质疑、投诉的程序作出具体规定。

目 录

中华人民共和国政府采购法

第一章 总 则

第 一 条 【立法目的】 / 3
第 二 条 【适用范围】 / 4
第 三 条 【政府采购基本原则】 / 8
第 四 条 【招标投标法的适用】 / 11
第 五 条 【供应商自由进入政府采购市场】 / 12
第 六 条 【严格执行预算】 / 12
第 七 条 【政府采购模式及集中采购目录的确定】 / 14
第 八 条 【政府采购限额标准】 / 15
第 九 条 【政府采购政策性功能】 / 17
第 十 条 【采购本国货物及例外】 / 17
第十一条 【政府采购信息公开】 / 21
第十二条 【政府采购回避制度】 / 22
第十三条 【政府采购监督管理部门】 / 27

第二章 政府采购当事人

第十四条 【政府采购当事人】 / 28
第十五条 【采购人的概念】 / 28
第十六条 【集中采购机构的性质和设立】 / 32
第十七条 【集中采购机构工作要求】 / 33
第十八条 【政府采购项目实施主体】 / 34
第十九条 【采购人委托采购代理采购】 / 35
第二十条 【委托代理协议】 / 36

第二十一条	【供应商】	/ 37
第二十二条	【供应商资格条件】	/ 39
第二十三条	【供应商资格审查】	/ 43
第二十四条	【政府采购联合体】	/ 46
第二十五条	【政府采购当事人的禁止事项】	/ 50

第三章 政府采购方式

第二十六条	【政府采购方式】	/ 54
第二十七条	【公开招标的数额标准】	/ 56
第二十八条	【禁止规避公开招标】	/ 58
第二十九条	【邀请招标】	/ 58
第 三 十 条	【竞争性谈判】	/ 59
第三十一条	【单一来源采购】	/ 60
第三十二条	【询价采购】	/ 61

第四章 政府采购程序

第三十三条	【预算的编制与审批】	/ 62
第三十四条	【邀请招标时供应商的选择】	/ 63
第三十五条	【投标截止日期】	/ 64
第三十六条	【废标的适用情形】	/ 67
第三十七条	【废标后的处理】	/ 69
第三十八条	【竞争性谈判的组织方式和采购程序】	/ 70
第三十九条	【单一来源采购程序】	/ 75
第 四 十 条	【询价的采购程序】	/ 76
第四十一条	【履约验收】	/ 78
第四十二条	【采购文件的保存】	/ 79

第五章 政府采购合同

第四十三条	【政府采购合同的法律适用】	/ 82
第四十四条	【政府采购合同的形式】	/ 83
第四十五条	【政府采购合同的必备条款】	/ 83
第四十六条	【中标、成交通知书的法律效力】	/ 84
第四十七条	【政府采购合同的备案】	/ 90

第四十八条 【分包以及责任承担】 / 91

第四十九条 【追加采购】 / 92

第 五 十 条 【合同的变更、中止或者终止】 / 93

第六章 质疑与投诉

第五十一条 【询问】 / 94

第五十二条 【质疑】 / 95

第五十三条 【质疑的答复】 / 96

第五十四条 【采购代理机构的答复】 / 97

第五十五条 【质疑供应商的投诉】 / 98

第五十六条 【财政部门处理投诉】 / 99

第五十七条 【投诉处理期间采购活动暂停】 / 101

第五十八条 【供应商不服处理决定的救济手段】 / 102

第七章 监督检查

第五十九条 【监督检查】 / 102

第 六 十 条 【集中采购机构的设置】 / 103

第六十一条 【集中采购机构内部监督】 / 104

第六十二条 【采购人员任职要求】 / 104

第六十三条 【采购标准和采购结果公开】 / 104

第六十四条 【按照法定方式和程序采购】 / 105

第六十五条 【监督检查】 / 108

第六十六条 【集中采购机构的考核】 / 109

第六十七条 【政府有关部门职责】 / 110

第六十八条 【审计监督】 / 111

第六十九条 【监察机关监察】 / 112

第 七 十 条 【社会监督】 / 112

第八章 法律责任

第七十一条 【采购人、采购代理机构一般违法行为法律责任】 / 113

第七十二条 【采购人、采购代理机构严重违法行为法律责任】 / 117

第七十三条 【违法行为影响中标、成交结果的处理】 / 118

第七十四条 【未依法委托集中采购机构法律责任】 / 119

第七十五条	【未依法公布采购标准、采购结果法律责任】	/ 120
第七十六条	【采购文件保存相关法律责任】	/ 121
第七十七条	【供应商违法行为法律责任】	/ 122
第七十八条	【违法代理法律责任】	/ 123
第七十九条	【民事赔偿责任】	/ 124
第 八 十 条	【违法监督法律责任】	/ 124
第八十一条	【投诉逾期未作处理的法律责任】	/ 125
第八十二条	【业绩考核违法行为法律责任】	/ 125
第八十三条	【阻挠和限制供应商的法律责任】	/ 125

第九章　附　则

第八十四条	【使用国际组织和外国政府贷款的法律适用】	/ 126
第八十五条	【紧急采购和涉及国家安全和秘密的采购】	/ 126
第八十六条	【军事采购】	/ 126
第八十七条	【实施办法的制定】	/ 126
第八十八条	【施行日期】	/ 126

关联法规

中华人民共和国政府采购法实施条例　　　　　　　　　/ 129
　　（2015年1月30日）
政府采购信息发布管理办法　　　　　　　　　　　　　/ 145
　　（2019年11月27日）
政府采购质疑和投诉办法　　　　　　　　　　　　　　/ 148
　　（2017年12月26日）
政府采购货物和服务招标投标管理办法　　　　　　　　/ 157
　　（2017年7月11日）
政府采购非招标采购方式管理办法　　　　　　　　　　/ 178
　　（2013年12月19日）

实用附录

政府采购方式一览表　　　　　　　　　　　　　　　　/ 197

公开招标操作流程图　　　　　　　　　　　　　　／198

竞争性谈判操作流程图　　　　　　　　　　　　　／200

单一来源操作流程图　　　　　　　　　　　　　　／202

邀请招标操作流程图　　　　　　　　　　　　　　／204

询价操作流程图　　　　　　　　　　　　　　　　／206

竞争性磋商操作流程图　　　　　　　　　　　　　／208

政府采购质疑处理流程图　　　　　　　　　　　　／210

政府采购投诉处理流程图　　　　　　　　　　　　／211

重要法律术语速查表　　　　　　　　　　　　　　／212

参考书目　　　　　　　　　　　　　　　　　　　／213

实务应用速查表

01. 政府采购资金范围怎么界定? / 5
02. 政府采购对象中的"货物、工程和服务"怎么理解? / 5
03. 地区封锁和行业垄断的具体表现形式有哪些? / 12
04. 政府采购的限额标准如何确定? / 16
05. 政府采购外国货物的具体流程是什么? / 18
06. 集中采购机构的主要职能是什么? / 32
07. 集中采购机构的执业要求是什么? / 33
08. "重大违法记录"如何理解? / 40
09. 联合体的资质等级与业绩如何确定? / 46
10. 不同采购方式怎样适用? / 55
11. 变更采购方式的具体程序要求是什么? / 57
12. 什么是采购活动记录? / 79
13. 政府采购合同可以转包吗? / 91
14. 追加采购中签订补充合同有哪些注意事项? / 93
15. 如何区分询问与质疑? / 94
16. 提起投诉的具体要求是什么? / 98
17. 投诉书应当包含哪些内容? / 98
18. 对投诉的详细处理程序是什么? / 99
19. 财政部门应当驳回投诉的情形有哪些? / 100
20. 哪些政府采购项目信息可以公开? / 105

案例指引速查表

01. 在开展属于国家机关使用财政性资金采购货物的政府采购活动中，未按照《政府采购法》及相关规定进行的，如何处理？ / 6

02. 如何处理以虚假材料谋取中标的违法情形？ / 9

03. 未在采购文件中明确规定不允许进口产品参加的，进口产品是否可以参加？ / 19

04. 谈判小组主要成员应回避但未回避，应如何处理？ / 23

05. 评委名单能公布吗？ / 25

06. 采购人是否可以以专家身份参与本部门或者本单位采购项目的评标？ / 29

07. 夫妻分别注册了不同的公司，是否可以参加同一项目的投标？ / 38

08. 采购文件将特定金额的合同业绩作为投标人资格条件是否合法合规？ / 41

09. 投标人在制作投标文件时，未在需要加盖投标人公章资料上盖章的，应如何处理？ / 44

10. 联合体投标必须提交合格的联合体协议和投标授权书吗？ / 47

11. 如何认定串通投标的问题？ / 52

12. 采购项目十分紧急，招标文件中规定的投标截止时间能否缩短？ / 65

13. 招标文件含有倾向性或者排斥潜在投标人的内容的，应如何处理？ / 68

14. 在质疑答复阶段"废标"是否合法？ / 73

15. 证据，你去哪里啦？ / 80

16. 拒签政府采购合同是否应承担缔约过失责任？ / 85

17. 采购人未按照法律规定签订采购合同，应如何处理？ / 88

18. 供应商投诉处理决定是否应当公告？／100

19. 采购人在提供采购文件的技术需求时能否指定品牌？／106

20. 以不合理的条件对供应商实行差别待遇或者歧视待遇的，应如何处理？／115

法律法规新解读丛书

中华人民共和国政府采购法

政府采购法
解读与应用

中华人民共和国政府采购法

- 2002年6月29日第九届全国人民代表大会常务委员会第二十八次会议通过
- 根据2014年8月31日第十二届全国人民代表大会常务委员会第十次会议《关于修改〈中华人民共和国保险法〉等五部法律的决定》修正

第一章 总 则

第一条 【立法目的】① 为了规范政府采购行为,提高政府采购资金的使用效益,维护国家利益和社会公共利益,保护政府采购当事人的合法权益,促进廉政建设,制定本法。

条文解读

本条规定了《政府采购法》的立法目的。

政府采购因其采购主体和采购资金来源具有特殊性,因此必须从法律上予以规范。通过立法将政府采购纳入法制化管理,有利于加强政府采购行为的规范化管理,提高政府采购活动的透明度,努力节约采购支出,提高效率,依法实现政府采购的各项目标;鼓励供应商参与采购活动,给予供应商公平和平等的待遇,维护政府采购市场的竞争秩序,保护国家利益和社会公共利益;强化对采购行为的约束力,净化交易环境,使政府采购成为名副其实的"阳光下的交易",从源头上抑制腐败现象发生,促进廉政建设。

---

① 本书条文主旨为编者所加,为方便读者检索使用,仅供参考,下同。

第二条 【适用范围】在中华人民共和国境内进行的政府采购适用本法。

本法所称政府采购,是指各级国家机关、事业单位和团体组织,使用财政性资金采购依法制定的集中采购目录以内的或者采购限额标准以上的货物、工程和服务的行为。

政府集中采购目录和采购限额标准依照本法规定的权限制定。

本法所称采购,是指以合同方式有偿取得货物、工程和服务的行为,包括购买、租赁、委托、雇用等。

本法所称货物,是指各种形态和种类的物品,包括原材料、燃料、设备、产品等。

本法所称工程,是指建设工程,包括建筑物和构筑物的新建、改建、扩建、装修、拆除、修缮等。

本法所称服务,是指除货物和工程以外的其他政府采购对象。

条文解读

本条从地域、采购人、采购资金、采购形式、采购项目以及采购对象等方面,确定了《政府采购法》的适用范围。凡是同时符合这些要素的采购项目,都属于政府采购项目,必须依照《政府采购法》开展采购活动。

在地域范围上,在中华人民共和国境内发生的政府采购活动,统一按照《政府采购法》的规定进行采购。鉴于政府采购客观上存在一些特殊情况,《政府采购法》在确定适用范围时,在其他条款中作了必要的例外规定。一是军事采购。《政府采购法》考虑到我国军事采购的特殊性,在附则中规定,"军事采购法规由中央军事委员会另行制定"。二是采购人使用国际组织和外国政府贷款进行的政府采购,贷款方、资金提供方与中方达成的协议对采购的具体条件另有规定的,可以适用其规定。三是对因严重自然灾害和其他不可抗力事件所实施的紧急采购与涉及国家安全和秘密的采购,不适用《政府采购法》。四是我国的香港、澳门两个特别行政区的政府采购不适用《政府采购法》。根据《香港特别行政区基本法》第18条、《澳门特别行政区基本法》第18条的规定，全国性法律除列入"基本法"附件三者外，不在特别行政区实施。

实务应用

01. 政府采购资金范围怎么界定？

在采购资金范围上，采购项目资金应当为财政性资金。根据《政府采购法实施条例》第2条的规定，《政府采购法》第2条所称财政性资金是指纳入预算管理的资金。以财政性资金作为还款来源的借贷资金，视同财政性资金。国家机关、事业单位和团体组织的采购项目既使用财政性资金又使用非财政性资金的，使用财政性资金采购的部分，适用政府采购法及本条例；财政性资金与非财政性资金无法分割采购的，统一适用政府采购法及本条例。采购人全部用非财政性资金开展的采购活动，不受《政府采购法》约束。非财政性资金主要是指事业单位和团体组织的自有收入，包括经营收入、捐助收入、不用财政性资金偿还的借款等。

02. 政府采购对象中的"货物、工程和服务"怎么理解？

政府采购对象中的货物，是指各种形态和各种类型的物品，包括有形和无形物品（如专利），固体、液体或气体物体，动产和不动产；工程，是指建设工程，专指由财政性资金安排的建设工程，不包括网络工程、信息工程等与土建无关的工程项目；服务，包括政府自身需要的服务和政府向社会公众提供的公共服务。《财政部关于推进和完善服务项目政府采购有关问题的通知》根据现行政府采购品目分类，按照服务受益对象将服务项目分为三类：第一类为保障政府部门自身正常运转需要向社会购买的服务。例如，公文印刷、物业管理、公车租赁、系统维护等。第二类为政府部门为履行宏观调控、市场监管等职能需要向社会购买的服务。例如，法规政策、发展规划、标准制定的前期研究和后期宣传、法律咨询等。第三类为增加国民福利、受益对象特定，政府向社会公众提供的公共服务。包括：以物为对象的公共服务，如公共设施管理服务、环境服务、专业技术服务等；以人为对象的公共服务，如教育、医疗卫生和社会服务等。对复合型采购项目，即一个采购项目中同时含货物、工程和服务两个或者三个对象时，通常是以所占资金比重最大的对象，来确定其对象属性。同时符合上述要素的采购项目，必须依照《政府采购法》开展采购活动。

政府采购工程，因实行项目法人制，于是采购主体委托给企业承建，承建企业要向采购主体负责。这类形式的政府工程建设项目，虽然具体承建单位发生了变化，但工程建设资金主要来源于财政性资金，工程的所有权没有变，采购主体仍然是建设项目的立项单位。因此，政府采购工程项目不能因为实行法人制改变实施主体从而改变政府采购的性质。还有些项目，如课题研究等，采购主体是政府机构，但由企业承办，也应当受《政府采购法》规范。

案例指引

01. 在开展属于国家机关使用财政性资金采购货物的政府采购活动中，未按照《政府采购法》及相关规定进行的，如何处理？[①]

某年7月，甲招标公司接受采购人委托，就该单位"某系统建设项目"组织公开招标工作。7月10日，甲招标公司在中国政府采购网上发布了招标公告。7月15日，乙公司认为招标文件中存在歧视性条款，向甲招标公司提出质疑。7月16日，甲招标公司答复质疑。乙公司对质疑答复不满，向财政部门提出投诉。8月7日，甲招标公司在中国政府采购网发布了中标公告。

财政部门调取了本项目的招标文件、投标文件和评标报告等资料。

[①] 参见《案例二十八："何时"用"何法"》，载中国政府采购网，http://www.ccgp.gov.cn/aljd/201704/t20170428_8174115.htm，最后访问日期：2025年3月29日。

在调查过程中发现，本项目是行政机关使用财政性资金采购货物，预算金额为 1200 万元，属于政府采购，应当适用《政府采购法》及相关规定，但甲招标公司未按照《政府采购法》规定的程序开展采购活动，适用法律错误。对此，财政部门依法启动监督检查程序。

甲招标公司称，在其与采购人沟通的过程中，因公司代表理解错误，导致其按照《招标投标法》的规定和程序进行本项目招标工作，公司并非故意规避《政府采购法》及其实施条例的规定。

财政部门在进一步调查中查明，某年 10 月，本项目可行性研究报告的批复文件中记载："资金来源：全部由中央投资安排解决"。随后，采购人与甲招标公司沟通项目具体情况，并将本项目批文提供给甲招标公司。

本案反映了代理机构在开展属于国家机关使用财政性资金采购货物的政府采购活动中，未按照《政府采购法》《政府采购法实施条例》及相关政府采购政策的规定进行的问题。

《政府采购法》第 2 条第 1 款、第 2 款规定："在中华人民共和国境内进行的政府采购适用本法。本法所称政府采购，是指各级国家机关、事业单位和团体组织，使用财政性资金采购依法制定的集中采购目录以内的或者采购限额标准以上的货物、工程和服务的行为。"

本案中，虽然甲招标公司称，因公司代表理解错误，导致其未按照《政府采购法》规定组织招标工作。但根据项目批文中的规定，可明显判断出本项目所用资金为财政性资金，已经达到政府采购的限额标准，且甲招标公司作为专业从事政府采购的代理机构，应当知道本项目须按照《政府采购法》及其实施条例的规定开展采购活动。

综上，财政部门作出如下处理决定：本项目适用法律错误，采购程序违法。根据《政府采购法》第 36 条、《政府采购质疑和投诉办法》第 31 条的规定，责令采购人重新开展采购活动。根据《政府采购法实施条例》第 68 条的规定，责令采购人对未按照《政府采购法》及其实施条例的规定组织采购活动的行为进行整改。

根据《政府采购法》第71条、第78条及《政府采购法实施条例》第66条的规定，对甲招标公司未按照《政府采购法》及其实施条例的规定组织采购活动的行为作出罚款，1年内禁止其代理政府采购业务的行政处罚。

关联参见

《政府采购法实施条例》第2—4条

第三条　【政府采购基本原则】政府采购应当遵循公开透明原则、公平竞争原则、公正原则和诚实信用原则。

条文解读

本条规定了政府采购的基本原则。

公开透明原则 ➡ 公开透明原则是政府采购必须遵循的基本原则之一，政府采购被誉为"阳光下的交易"，即源于此。公开透明要求政府采购的信息和行为不仅要全面公开，而且要完全透明，要求做到政府采购的法规和规章制度要公开，招标信息及中标或成交结果要公开，开标活动要公开，投诉处理结果或司法裁判决定等都要公开，使政府采购活动在完全透明的状态下运作，全面、广泛地接受监督。

公平竞争原则 ➡ 公平竞争原则是市场经济运行的重要法则，是政府采购的基本规则。公平竞争要求在竞争的前提下公平地开展政府采购活动。要将竞争机制引入采购活动中，竞争必须公平，不能设置妨碍充分竞争的不正当条件。采购主体要公平地对待每一个供应商，不能有歧视某些潜在的符合条件的供应商参与政府采购活动的现象，而且采购信息要在政府采购监督管理部门指定的媒体上公平地披露。

公正原则 ➡ 公正原则是为采购人与供应商之间在政府采购活动中处于平等地位而确立的公正原则要求政府采购要按照事先约定的条件和程序进行，对所有供应商一视同仁，不得有歧视条件和行为，任何单位或个人无权干预采购活动的正常开展。尤其是在评标活动中，要严格按照统一的评标标准评定中标或成交供应商，不得存在任何主观倾向。

诚实信用原则 ➡ 诚实信用原则要求政府采购当事人本着诚实、守信的态度履行各自的权利和义务，讲究信誉，兑现承诺，不得散布虚假信息，不得有欺诈、串通、隐瞒等行为，不得伪造、变造、隐匿、销毁需要依法保存的文件，不得规避法律法规，不得损害第三人的利益。

案例指引

02. 如何处理以虚假材料谋取中标的违法情形？①

某年8月2日，甲招标公司受采购人乙中心委托，为该中心"监测系统采购项目"进行招标。8月7日发布招标公告后，共有15家供应商购买了招标文件。8月29日投标截止，15家投标人均按时提交了投标文件。经过评标专家评审，丙公司被确定为中标候选人。采购人乙中心确认评标结果后，甲招标公司发布了中标公告，丙公司中标。

9月6日，投标人丁公司提出质疑，称：中标人的产品数据不满足招标文件技术需求，存在提供虚假材料谋取中标的情形。收到质疑材料后，甲招标公司通知丙公司提交证明材料，丙公司未提供响应招标文件要求的相关技术参数的证明材料。9月11日，甲招标公司组织复核，认为：根据相关合法有效的证据，可认定丙公司在招标阶段提供了虚假材料，建议认定丙公司中标无效。随后，采购人乙中心向财政部门提出举报。

本案的争议焦点是，丙公司投标文件中的产品技术参数是否与招标文件要求和产品实际参数相符。因此，财政部门调取了本项目招标文件、投标文件、评标报告等资料，并对甲招标公司、采购人乙中心、中标人丙公司等相关当事人进行了调查。调查发现：招标文件技术部分对

---

① 参见《案例二十九：差之毫厘的参数 失之千里的代价》，载中国政府采购网，http://www.ccgp.gov.cn/aljd/201704/t20170428_8174152.htm，最后访问日期：2025年3月29日。

产品的数据参数和供应商的服务方案进行了明确要求。丙公司的投标文件显示其投标产品的技术参数符合招标文件要求，但产品运营商提供的材料证明投标产品的部分数据参数与招标文件不符。随后，丙公司承认投标文件中的技术参数与事实不符，但声称是标书制作审查不严而导致的笔误，投标产品在实质上完全满足招标文件的技术要求，该笔误并未影响评分分值。

本案集中反映了政府采购中，供应商通过修改投标文件中的产品参数以达到招标要求的行为，该行为存在以下几个问题：

一是该行为构成了以虚假材料谋取中标的违法情形。本案中，供应商在明知投标产品不符合招标文件技术参数要求的情况下，通过修改投标文件中的产品参数，意图达到招标要求。该行为是典型的"提供虚假材料"。

二是该行为违背了《政府采购法》第3条规定的诚实信用原则。诚实信用原则是供应商的生存之本，提供产品的真实数据参数是对供应商最基本的要求。产品的技术参数是产品性能的说明，直接决定着产品能否满足采购人的实际需求。如果供应商凭借虚假数据获得了中标，一方面剥夺了其他投标人的中标机会，造成对其他投标人的不公；另一方面也使得采购人无法获得真正符合要求的产品，造成对其合法权益的侵害。

三是供应商以"笔误"为由进行辩解的理由不能成立。首先，供应商对此辩解理由并未提供合法有效的证据；其次，供应商实际提供的产品确实不符合招标文件的要求。

综上，财政部门作出如下处理决定：丙公司的行为构成提供虚假材料谋取中标。根据《政府采购法》第77条的规定，决定本项目中标无效，对丙公司作出处以采购金额千分之五的罚款，列入不良行为记录名单，1年内禁止参加政府采购活动的行政处罚。

第四条 【招标投标法的适用】政府采购工程进行招标投标的，适用招标投标法。

条文解读

工程属于政府采购范围，达到国务院规定的招标限额以上的工程项目采取招标投标方式的，执行《招标投标法》的规定，同时还要执行《政府采购法》的相关规定。根据《必须招标的工程项目规定》第5条的规定，全部或者部分使用国有资金投资或者国家融资的项目，使用国际组织或外国政府贷款、援助资金的项目以及大型基础设施、公用事业等关系社会公共利益、公众安全的项目，其勘察、设计、施工、监理以及与工程建设有关的重要设备、材料等的采购达到下列标准之一的，必须招标：（1）施工单项合同估算价在400万元人民币以上；（2）重要设备、材料等货物的采购，单项合同估算价在200万元人民币以上；（3）勘察、设计、监理等服务的采购，单项合同估算价在100万元人民币以上。同一项目中可以合并进行的勘察、设计、施工、监理以及与工程建设有关的重要设备、材料等的采购，合同估算价合计达到前款规定标准的，必须招标。对于招标限额以下的工程项目，本身不适用《招标投标法》，应当按照《政府采购法》的有关规定开展采购活动。政府采购工程实行非招标的采购方式、程序及管理要求，具体根据《政府采购非招标采购方式管理办法》《政府采购竞争性磋商采购方式管理暂行办法》执行。

对于"工程"，《政府采购法实施条例》第7条进一步细化明确规定，政府采购工程以及与工程建设有关的货物、服务，采用招标方式采购的，适用《招标投标法》及其实施条例；采用其他方式采购的，适用《政府采购法》及本条例。前款所称工程，是指建设工程，包括建筑物和构筑物的新建、改建、扩建及其相关的装修、拆除、修缮等；所称与工程建设有关的货物，是指构成工程不可分割的组成部分，且为实现工程基本功能所必需的设备、材料等；所称与工程建设有关的服务，是指为完成工程所需的勘察、设计、监理等服务。政府采购工程以及与工程建设有关的货物、服务，应当执行政府采购政策。

第五条 【供应商自由进入政府采购市场】任何单位和个人不得采用任何方式，阻挠和限制供应商自由进入本地区和本行业的政府采购市场。

条文解读

本条规定了供应商自由进入政府采购市场。

政府采购活动必须公开、公正、公平地开展，将政府采购形成的商业机会公平地给予每一个纳税人（包括供应商），应当给予供应商自由进入各地区、各行业政府采购市场的权利，不得采取歧视性措施，剥夺他们应有的权利。政府采购活动应当破除地区封锁、行业垄断和人为干预等弊病，消除歧视行为，促进依法采购，建立统一的全国政府采购大市场。

实务应用

03. 地区封锁和行业垄断的具体表现形式有哪些？

招标投标和政府采购中严禁违法限定或者指定特定的专利、商标、品牌、零部件、原产地、供应商，不得违法设定与招标采购项目具体特点和实际需要不相适应的资格、技术、商务条件等。不得违法限定投标人所在地、所有制形式、组织形式，或者设定其他不合理的条件以排斥、限制经营者参与投标采购活动。《优化营商环境条例》《公平竞争审查条例》等对打破地区封锁和行业垄断等也作出具体安排。

第六条 【严格执行预算】政府采购应当严格按照批准的预算执行。

条文解读

本条明确了政府采购要纳入预算，且政府采购活动应当严格按照预算规定的用途和核定的金额执行。

第一，政府采购项目必须列入财政预算。政府采购资金主要来源于财政性资金，部门预算中包含政府采购预算内容。按照市场经济条件下公共财政管理的要求，没有列入预算的活动，政府不得拨款；没有资金保证的项目不能开展采购活动。因此，采购人拟采购的项目，首先要编入本部门预算，其次报财政部门审核，最后报同级人大审批。只有经批准的采购项目，才有资金保障，具有履行采购合同的支付能力。目前，我国正在改革预算编制方法，细化预算项目，实行部门预算制度，科学核定预算定额，实现资源的合理配置。在部门预算改革到位之前，中央及一些地区推行了政府采购预算，作为部门预算的一部分，要求各预算单位按政府采购预算的要求，将支出预算中的有关项目或品目在政府采购预算表中单列。这一措施弥补了现行预算不细的缺陷，增强了采购的计划性，推动了政府采购工作的深入开展。

第二，政府采购项目必须按规定用途使用，财政部门按规定拨付采购资金。经人大批准的预算采购项目，都明确了用途，政府采购项目必须按照人大批准的预算执行。政府采购支付方式改革以前，我国对财政支出使用监管不够，通常情况是，预算批复后，预算单位按预算申请拨款，财政部门按照预算单位的拨款申请书拨款，库款拨出后，采购资金的使用权完全由预算单位支配。因此，经常发生截留、挪用采购资金的行为，无预算采购、重复采购、盲目采购、超标准采购等现象也时有发生。政府采购资金支付方式改革后，政府采购资金支付部门在收到拨款申请书后，将采购资金直接拨付给供应商，采购资金不再拨付给预算单位，很好地杜绝了前述情况的发生。

第三，采购项目不得超过预算定额。批准的采购预算通常已经考虑了确保该采购项目质量的各项费用，故在执行中通常不应突破。否则，采购人应当调整采购需求，或者调整本部门的支出预算，按照采购合同约定履行付款义务。超过预算部分采购人欲使用预算外资金的，必须按照法定的程序经过财政部门的批准。

第七条　【政府采购模式及集中采购目录的确定】政府采购实行集中采购和分散采购相结合。集中采购的范围由省级以上人民政府公布的集中采购目录确定。

属于中央预算的政府采购项目，其集中采购目录由国务院确定并公布；属于地方预算的政府采购项目，其集中采购目录由省、自治区、直辖市人民政府或者其授权的机构确定并公布。

纳入集中采购目录的政府采购项目，应当实行集中采购。

条文解读

在我国，不仅各省级行政区之间经济发展、政府采购规模等差别较大，即使在同一省级地域内，由于各级政府的职能不同，采购规模不同，采购对象结构不同，相应地，采购范围也不尽一致。在确定集中采购目录和采购限额标准时，应当考虑我国各级地方政府采购的实际情况，使该标准既有一定程度的统一性，又具有灵活性。因而，本条第1款原则性规定，集中采购的范围由省级以上人民政府公布的集中采购目录确定。其中，"省级以上人民政府"是指中央人民政府及各省、自治区、直辖市或者其授权的机构。本条第2款对集中采购目录的确定权限作出了具体规定：属于中央预算安排的采购项目，其集中采购目录由国务院确定并公布；属于地方预算的政府采购项目，其集中采购目录由省、自治区、直辖市人民政府或者其授权的机构确定并公布。这里所称的授权机构，主要是指省级财政部门和下级人民政府，如省会城市、地级市等。具体的方式是将属于集中采购范围的采购项目或品目编制成集中采购目录，以政府文件或政府批转财政部门文件的形式予以公布。《政府采购法实施条例》第5条进一步明确，省、自治区、直辖市人民政府或者其授权的机构根据实际情况，可以确定分别适用于本行政区域省级、设区的市级、县级的集中采购目录和采购限额标准。各省根据实际情况，可以在全省地域范围内，不分级别，实行统一的集中采购目录和采购限额标准，也可以分省、设区的市、县三级分别实施不同的集中采购目录和采购限额标准。

关联参见

《政府采购法实施条例》第 3 条、第 5 条

第八条【政府采购限额标准】 政府采购限额标准，属于中央预算的政府采购项目，由国务院确定并公布；属于地方预算的政府采购项目，由省、自治区、直辖市人民政府或者其授权的机构确定并公布。

条文解读

我国政府采购限额标准实行中央与地方两级管理。政府采购限额标准的制定，同样需要考虑我国各级政府采购的实际情况，既要有一定程度的统一性，又要有灵活性。与确定集中采购目录一样，由于各级政府的职能不同、采购规模不同、采购对象结构不同，采购范围也就不尽一致。比如，中央人民政府负有国家宏观调控职能，财力较为充足，机构规模大，大型投资项目多，限额标准可以定得高一些。但对于县级人民政府而言，财力非常有限，采购项目基本上都是政府日常办公用品，大型采购项目很少，限额标准不可能定得太高。因此，考虑到我国的实际情况，不宜对政府采购的限额标准作统一规定。《政府采购法实施条例》第 5 条规定，省、自治区、直辖市人民政府或者其授权的机构根据实际情况，可以确定分别适用于本行政区域省级、设区的市级、县级的集中采购目录和采购限额标准。

实践中，各地及中央人民政府采购的限额标准及公开招标方式的限

额标准每年都会公布一次。中央和地方可以根据本级人民政府采购的实际情况提高或者降低限额标准。

实务应用

04. 政府采购的限额标准如何确定？

政府采购的限额标准因直接涉及《政府采购法》的适用范围，与集中采购目录一样，财政部门应当先拟限额标准，报人民政府批准并颁布。2019年12月26日，《国务院办公厅关于印发中央预算单位政府集中采购目录及标准（2020年版）的通知》，明确了分散采购限额标准，即：除集中采购机构采购项目和部门集中采购项目外，各部门自行采购单项或批量金额达到100万元以上的货物和服务的项目、120万元以上的工程项目应按《政府采购法》和《招标投标法》有关规定执行。属于地方预算的政府采购项目，其集中采购目录由省、自治区、直辖市人民政府或者其授权的省级财政部门和下级政府如省会城市、地级市确定并公布。《政府采购法实施条例》第5条规定，省、自治区、直辖市人民政府或者其授权的机构根据实际情况，可以确定分别适用于本行政区域省级、设区的市级、县级的集中采购目录和采购限额标准。为了推进统一全国集中采购目录及标准相关工作，财政部制定了《地方预算单位政府集中采购目录及标准指引（2020年版）》，规定：关于分散采购限额标准和公开招标数额标准。为落实"放管服"改革精神，降低行政成本，提高采购效率，省级单位政府采购货物、服务项目分散采购限额标准不应低于50万元，市县级单位政府采购货物、服务项目分散采购限额标准不应低于30万元，政府采购工程项目分散采购限额标准不应低于60万元；政府采购货物、服务项目公开招标数额标准不应低于200万元，政府采购工程以及与工程建设有关的货物、服务公开招标数额标准按照国务院有关规定执行。

第九条 【政府采购政策性功能】政府采购应当有助于实现国家的经济和社会发展政策目标，包括保护环境，扶持不发达地区和少数民族地区，促进中小企业发展等。

条文解读

本条规定了政府采购的政策性功能。《政府采购法实施条例》第6条进一步规定，国务院财政部门应当根据国家的经济和社会发展政策，会同国务院有关部门制定政府采购政策，通过制定采购需求标准、预留采购份额、价格评审优惠、优先采购等措施，实现节约能源、保护环境、扶持不发达地区和少数民族地区、促进中小企业发展等目标。

为鼓励中小企业的发展，《政府采购法》允许联合体参加政府采购，一个重要的原因是为了照顾中小企业的发展。政府采购的项目通常为批量性的项目，规模较大，在一般情况下，一个供应商难以独立完成。有些复合型采购项目，即一个采购项目往往含有货物、工程或者服务中的两个或三个对象，如网络系统建设，既有服务内容，如软件开发、维护等，也有货物内容，如购买硬件等，需要多个供应商联合完成。中小企业往往不具备承接这些项目的实力，在竞争中处于不利的地位。为此，为了照顾中小企业，《政府采购法》允许它们组成一个联合体，壮大实力，在能力上互补，从而提高竞争力。

关联参见

《政府采购法实施条例》第6条

第十条 【采购本国货物及例外】政府采购应当采购本国货物、工程和服务。但有下列情形之一的除外：

（一）需要采购的货物、工程或者服务在中国境内无法获取或者无法以合理的商业条件获取的；

（二）为在中国境外使用而进行采购的；

(三) 其他法律、行政法规另有规定的。

前款所称本国货物、工程和服务的界定，依照国务院有关规定执行。

条文解读

采购本国货物、工程和服务是政府采购制度的内在要求。政府采购资金来源于民，也应当用之于民，即通过采购本国货物、工程和服务，支持国内企业的发展，维护社会公共利益和国家利益。这也是国际上通行的做法。

政府采购本国货物、服务和工程，其含义是政府采购原则上应当采购本国货物、工程和服务。即只要本国的货物、工程和服务能够满足基本需求的，就应当采购本国的货物、工程和服务。政府采购中的货物采购，通常只要求满足基本需求，不是要采购性能最好、价格最高的产品，工程和服务则质量要求较高。

在特殊情况下，政府可以采购外国的货物、工程和服务。特殊情况如下：一是为了实现采购目的，必须进行采购，但国内无法提供，或者国内虽然能够提供但商业条件极不合理，只能采购外国产品。前者是迫不得已，后者则是无法承受，不利于资源的合理配置，通过对外采购，有利于促进国内供应商改善商业条件，缩小与国外供应商之间的差距。二是为了在中国境外使用而进行的采购。这里涉及保密和运输成本等因素，对是否采购本国的货物、工程和服务不作强制性规定，由采购人视具体情况决定。三是其他法律、行政法规另有规定的。这只能由法律、行政法规予以规定，不能由规章进行规定。

实务应用

05. 政府采购外国货物的具体流程是什么？

在《政府采购法》规定的几种特殊情况下，政府可以采购外国货物、工程和服务。为了规范进口产品政府采购行为，财政部门专门制定了《政府采购进口产品管理办法》。

政府确需采购进口产品的,实行审核管理。采购人采购进口产品时,必须在采购活动开始前向财政部门提出申请并获得财政部门审核同意后,才能开展采购活动。在采购活动开始前没有获得财政部门同意而开展采购活动的,视为拒绝采购进口产品,应当在采购文件中明确作出不允许进口产品参加的规定。未在采购文件中明确规定不允许进口产品参加的,也视为拒绝进口产品参加。财政部门审核同意购买进口产品的,应当在采购文件中明确规定可以采购进口产品,但如果因信息不对称等原因,仍有满足需求的国内产品要求参与采购竞争的,采购人及其委托的采购代理机构不得对其加以限制,应当按照公平竞争原则实施采购。

案例指引

03. 未在采购文件中明确规定不允许进口产品参加的,进口产品是否可以参加?[①]

某年6月,甲管理处委托乙招标公司,就"电子识别系统"进行公开招标。6月2日,乙招标公司在中国政府采购网发布招标公告,并同时开始发售招标文件。标书发售期间,共有8家供应商购买了招标文件。6月22日投标截止,8家供应商均按时提交了投标文件。开标仪式结束后,乙招标公司组织了评标工作,由2名采购人代表和5名随机抽取的专家组成的评标委员会共同完成了评标,23日乙招标公司得到采购人的确认后,发布公告,公布丁公司为中标人。

6月24日,投标人丙公司向乙招标公司提出质疑:本项目招标文件中并未标明采购的产品必须为本国产品,丙公司因所投产品中包含进口产品被认定为无效投标。丙公司认为此次评标过程存在不公正现象,评标委员会没有按照招标文件进行评标,影响了中标结果,要求重新评

---

① 参见《案例十九:受限制的进口产品》,载中国政府采购网,http://www.ccgp.gov.cn/aljd/201702/t20170213_7916068.htm,最后访问日期:2025年3月29日。

标。乙招标公司回复质疑：进口产品供应商不能参与此项目的评标。根据财政部《关于政府采购进口产品管理有关问题的通知》第5条的规定，此项目视为拒绝进口产品参加。丙公司对乙招标公司质疑答复不满，向财政部门提起投诉。

本案的争议焦点是，本项目是否允许进口产品参加投标。为此，财政部门调取了本项目的招标文件、投标文件、评标报告及评标录像等材料。调查发现：本项目招标文件中只是列明了拟采购产品的名称、数量、详细技术参数及考核标准，并未规定产品必须为本国产品，也没有明确规定不允许进口产品参加投标。评标录像显示，在评标过程中，评标委员会发现丙公司的投标产品中包含大量的进口产品，在公证人员的监督下，评标委员会经评议认定，本项目只能采购本国产品，原产地为国外的投标产品均不符合本项目采购需求，因此，在评标报告的"评标结果"中认定丙公司投标文件为无效投标。

本案反映了政府采购活动中涉及进口产品时经常发生的几个问题，应该说，在本案中，投标人丙公司、乙招标公司和采购人甲管理处均存在不当之处：

一是投标人丙公司投标准备不认真，没有了解政府采购法律规定中最起码的原则。政府采购的一项重要原则就是采购本国产品。除非出现法律规定的特殊情况，一般情况下，必须采购本国货物、工程和服务。招标文件没有标明投标产品必须为本国产品，也不意味着可以用进口产品进行投标，允许进口产品投标须在招标文件中进行明示。本案中，丙公司对政府采购相关规定不熟悉，造成其盲目选用进口产品投标，导致其投标被认定为无效投标，失去了中标的机会。

二是乙招标公司和采购人甲管理处编制招标文件不够严谨。招标文件是供应商准备投标、编制投标文件的依据，必须十分清楚、明确，易于理解，这样才能使投标供应商准确领会采购人的需求，并根据自己的实际情况最大限度地提出适于采购需求的投标方案。本项目中，招标公司和采购人没有在招标文件中明示是否允许进口产品参加，虽然这样的做法并不违法，但却给投标供应商造成了可以用进口产品投标的误解，导致丙公司投标无效，某种程度上削弱了本项目的投标竞争，于采购效果无益。

因此，财政部门认为，财政部《政府采购进口产品管理办法》第4条规定："政府采购应当采购本国产品，确需采购进口产品的，实行审核管理。"《财政部办公厅关于政府采购进口产品管理有关问题的通知》第5条规定，采购人采购进口产品时，必须在采购活动开始前向财政部门提出申请并获得财政部门审核同意后，才能开展采购活动。在采购活动开始前没有获得财政部门同意而开展采购活动的，视同为拒绝采购进口产品，应当在采购文件中明确作出不允许进口产品参加的规定。未在采购文件中明确规定不允许进口产品参加的，也视为拒绝进口产品参加……本项目中，采购文件中没有明确规定不允许进口产品参加，应当视为拒绝进口产品参加。本案中，丙公司所投产品中包括进口产品，应当作为无效投标处理，评标委员会的评审并无错误。综上，财政部门驳回了丙公司的投诉。

关联参见

《政府采购法实施条例》第7条

第十一条 【政府采购信息公开】政府采购的信息应当在政府采购监督管理部门指定的媒体上及时向社会公开发布，但涉及商业秘密的除外。

条文解读

政府采购信息 ➡ 政府采购信息，是指依照政府采购有关法律制度规定应予公开的公开招标公告、资格预审公告、单一来源采购公示、中标（成交）结果公告、政府采购合同公告等政府采购项目信息，以及投诉处理结果、监督检查处理结果、集中采购机构考核结果等政府采购监管信息。

中央预算单位政府采购信息应当在中国政府采购网发布,地方预算单位政府采购信息应当在所在行政区域的中国政府采购网省级分网发布。除中国政府采购网及其省级分网外,政府采购信息可以在省级以上财政部门指定的其他媒体同步发布。

财政部门、采购人和其委托的采购代理机构(以下统称为发布主体)应当对其提供的政府采购信息的真实性、准确性、合法性负责。中国政府采购网及其省级分网和省级以上财政部门指定的其他媒体应当对其收到的政府采购信息发布的及时性、完整性负责。发布主体发布政府采购信息不得有虚假和误导性陈述,不得遗漏依法必须公开的事项。发布主体应当确保其在不同媒体发布的同一政府采购信息内容一致。在不同媒体发布的同一政府采购信息内容、时间不一致的,以在中国政府采购网或者其省级分网发布的信息为准。同时在中国政府采购网和省级分网发布的,以在中国政府采购网上发布的信息为准。

关联参见

《政府采购法实施条例》第8条;《政府采购信息发布管理办法》第3条、第8—11条

第十二条 【政府采购回避制度】在政府采购活动中,采购人员及相关人员与供应商有利害关系的,必须回避。供应商认为采购人员及相关人员与其他供应商有利害关系的,可以申请其回避。

前款所称相关人员,包括招标采购中评标委员会的组成人员,竞争性谈判采购中谈判小组的组成人员,询价采购中询价小组的组成人员等。

条文解读

采购人及招标采购中评标委员会的组成人员、竞争性谈判采购中谈判小组的组成人员、询价采购中询价小组的组成人员、竞争性磋商中磋

商小组的组成人员等相关人员，与供应商存在利害关系，必须回避，由其他无利害关系的人员替代。根据《政府采购法实施条例》第9条的规定，在政府采购活动中，采购人员及相关人员与供应商有下列利害关系之一的，应当回避：（1）参加采购活动前3年内与供应商存在劳动关系；（2）参加采购活动前3年内担任供应商的董事、监事；（3）参加采购活动前3年内是供应商的控股股东或者实际控制人；（4）与供应商的法定代表人或者负责人有夫妻、直系血亲、三代以内旁系血亲或者近姻亲关系；（5）与供应商有其他可能影响政府采购活动公平、公正进行的关系。

案例指引

04. 谈判小组主要成员应回避但未回避，应如何处理？[①]

某年，采购人某市职业技术学院就其"矿山安全检测实训室设备采购项目"进行竞争性谈判采购。某市职业技术学院对此采购项目高度重视，年初即成立了竞争性谈判小组负责此项采购工作。谈判小组由该学院资源工程系主任肖某及从当地政府采购专家库中抽取的两名外聘专家组成，共三人。3月，谈判小组经广泛调研与反复讨论，制定了谈判文件。谈判文件中明确了供应商资格条件、采购邀请、谈判程序、谈判内容、合同草案的条款以及评定成交的标准等事项。4月，谈判小组在市场调查的基础上，从符合相应资格条件的供应商中确定了三家供应商参加谈判，并向其提供了谈判文件。至提交首次响应文件截止之日，三家受邀供应商均递交了响应文件。谈判小组依据谈判文件的规定，对响应文件进行了评审，并按照规定程序、评定成交的标准等与供应商进行了谈判。经过评审和谈判，最终确定供应商甲公司为成交供应商。

成交公告发布后，供应商乙公司提出质疑，认为：在本项目采购前，某市职业技术学院资源工程系主任肖某作为该学院代表曾与中标成

---

① 参见《案例十七：不容小视的"利害关系"》，载中国政府采购网，http://www.ccgp.gov.cn/aljd/201702/t20170213_7916037.htm，最后访问日期：2025年3月29日。

交供应商甲公司签订协议，并出资共同组建"煤矿安全服务公司"，因此，本次评审专家组主要成员肖某与中标成交供应商甲公司存在利害关系，应当回避。本项目在评审过程中肖某依法应该回避而实际没有回避，违背了政府采购回避制度的规定。某市职业技术学院答复称：谈判小组依法组建，谈判过程依法合规，所有采购程序合法，肖某不存在应当回避的情形。乙公司对此答复不满，向财政部门提出投诉。

本案的争议焦点是，谈判小组主要成员肖某与中标成交供应商甲公司是否存在利害关系，是否应当回避？因此，财政部门调取了本项目谈判文件、质疑文件，并对投诉人乙公司反映的情况进行了调查。调查发现：某市职业技术学院资源工程系主任肖某作为采购人代表，被推荐担任本项目竞争性谈判小组成员之一，并参与了该项目谈判。经查实，某市职业技术学院、肖某等11人和甲公司已签订《共同组建产学研实体的协议》（以下简称《协议》），其中甲方为某市职业技术学院，乙方为甲公司，丙方为肖某等11人。《协议》第1条明确约定：各方一致同意采用有限公司组织形式组建新型产学研实体。《协议》第2条约定了关于新公司的注册资本、出资方式及出资期限及股权比例：新公司注册资本为人民币200万元，其中甲方出资50万元人民币，乙方出资102万元人民币，丙方出资48万元人民币。股权比例按出资比例分配，即乙方占51%，甲方占25%，丙方占24%。《协议》第8条约定：新公司经营所得在缴纳企业所得税后，股东分配利润之前，应提取可分配利润的6%给甲方资源工程系，作为该系建设经费。因此，根据《协议》有关约定及《公司法》等法律规定，财政部门认定采购人某市职业技术学院、该院资源工程系主任肖某等与中标成交供应商甲公司存在事实上的经济利益关系。

本案反映出政府采购活动中经常被人忽视的一个问题，即与供应商有利害关系的采购人员、评标委员会成员、谈判小组成员、询价小组成员等必须回避。政府采购应该保证公平、公正，如果采购人员或评委、谈判小组成员、询价小组成员等与某一个或某几个供应商之间存在利害关系，就不能保证这些人在采购程序中，尤其是在评审中公平、公正地对待所有供应商，不能有效防止评审中出现倾向性或不公正评审的行为，从而会影响政府采购评审的结果，导致政府采购活动不能达到预期的效果。本案中，采购人代表肖某与供应商甲公司存在事实上的经济利益关系，在竞争性谈判中却没有回避，造成了本项目质疑投诉的发生。

因此，财政部门认为，《政府采购法》第12条规定，在政府采购活动中，采购人员及相关人员与供应商有利害关系的，必须回避。供应商认为采购人员及相关人员与其他供应商有利害关系的，可以申请其回避。前款所称相关人员，包括招标采购中评标委员会的组成人员，竞争性谈判采购中谈判小组的组成人员，询价采购中询价小组的组成人员等。本项目中采购人代表应该回避而未回避，采购评审过程存在违法行为。综上，财政部门作出处理决定：认定此次政府采购活动违法，责令重新开展采购活动。

05. 评委名单能公布吗？[①]

某年5月，某招标公司受采购人H中心委托，为H中心"某监测系统采购项目"进行招标。5月20日发布招标公告后，有甲、乙、丙、丁、戊、己6家供应商购买了招标文件。由于甲公司法定代表人李某与H中心办公室主任吴某认识，故购买招标文件后，李某多次向吴某打听招标进展情况，吴某碍于面子，也均如数告知。6月19日，某招标公司与H中心项目经办人共同在政府采购专家库中抽取了本项目评标专家。6月20日投标截止，购买招标文件的6家单位均递交了投标文件。经过评标专家评审，甲公司投标报价最低，被确定为中标候选人。H中心确认评标结果后，某招标公司发布了中标公告，公布甲公司中标。后，投标人丁公司提出质疑，认为评标过程存在不公正现象。某招标公司答复称，本项目评标完全依法合规，评标过程一直在招标人H中心监督人员

---

① 参见《案例十六：评委名单能公布吗》，载中国政府采购网，http://www.ccgp.gov.cn/aljd/201702/t20170213_7916036.htm，最后访问日期：2025年3月29日。

的监督下进行，不会出现不公正的情况。丁公司对质疑答复不满，向财政部门提出投诉。

本案的争议焦点是，项目评标过程中是否存在不公正现象。为此，财政部门调取了本项目招标文件、投标文件、评标材料，并对某招标公司和采购人H中心进行了调查。调查发现：在评标专家确定后，甲公司法定代表人李某与H中心办公室主任吴某联系，打听评标专家人选。吴某认为专家都是网上抽取的，依法合规，不会出什么问题，就将专家名单告知了李某。李某获悉专家名单后，先后与几个评标专家进行了联系。但从评标资料来看，不能确定评标专家在评审过程中是否对甲公司有所倾向。

本案反映了政府采购中容易被采购人和采购代理机构忽视的问题，即不应当在招标结果确定前泄露评标专家名单。评标专家是评标活动的关键人物，他们必须客观公正地进行评审，才能保证采购活动的公平、公正。如果在招标结果确定前就将评标专家的名单泄露出去，供应商就有可能与评标专家联系，对评标专家进行不正当的影响，以谋求中标，这样，就难以保证评标活动的公平公正。而本案中，采购人在评标前就将评标专家的名单告知了投标人甲公司，导致甲公司能够在评标前与专家进行联系，有可能造成评标的不公正。

因此，财政部门认为，《政府采购货物和服务招标投标管理办法》第47条第4款规定，评标委员会成员名单在评标结果公告前应当保密。本项目中，吴某在确定招标结果前，向李某透露评标专家名单，违反了上述规定。综上，财政部门作出处理决定：本项目违反了《政府采购货物和服务招标投标管理办法》第47条第4款的规定，责令采购人重新开展采购活动。

关联参见

《政府采购法实施条例》第9条、第12条

第十三条 【政府采购监督管理部门】各级人民政府财政部门是负责政府采购监督管理的部门,依法履行对政府采购活动的监督管理职责。

各级人民政府其他有关部门依法履行与政府采购活动有关的监督管理职责。

条文解读

财政部门是政府采购的监督管理部门,而各级人民政府的其他有关部门,如建设部门、审计部门、监察部门等也依据法律规定负有相应的监督管理职责。

根据《政府采购法》的相关规定,财政部门的监督管理职责主要有以下几项:

(1) 预算管理。比如,编制政府采购预算、支付采购资金等。

(2) 政府采购的信息管理。比如,指定政府采购信息发布媒体等。

(3) 政府采购方式管理。主要是审批采购人因特殊情况需要采用招标以外的采购方式,如竞争性谈判、单一来源、询价。财政部门还可以在《政府采购法》规定的五种方式之外,认定其他采购方式。

(4) 政府采购合同管理。包括制定合同必备条款和合同备案。

(5) 受理和处理供应商投诉。供应商提出投诉的,受理并及时作出处理。

(6) 规定政府采购专业岗位任职要求。包括对政府采购人员的任职要求、资格认证和业务培训。

(7) 监督检查。包括对政府采购活动及集中采购机构的监督检查。监督检查的主要内容有:有关政府采购的法律、行政法规和规章的执行情况;采购范围、采购方式和采购程序的执行情况;政府采购人员的职业素质和专业技能等方面。

(8) 处理违法违规行为。对采购人、采购代理机构和供应商的违法行为进行处理。当事人对监督管理部门的处理不服申请复议的,还应办理行政复议事项。当事人对监督管理部门的处罚不服到人民法院起诉的,还应办理应诉事项。

(9)依法参与制定或单独制定有关实施或监督管理办法。

第二章 政府采购当事人

第十四条 【政府采购当事人】 政府采购当事人是指在政府采购活动中享有权利和承担义务的各类主体,包括采购人、供应商和采购代理机构等。

▎条文解读

根据《政府采购法》的相关规定,采购人是指依法进行政府采购的国家机关、事业单位、团体组织。供应商是指向采购人提供货物、工程或者服务的法人、其他组织或者自然人。采购代理机构包括集中采购代理机构和其他采购代理机构。其中,集中采购代理机构是设区的市、自治州以上人民政府根据本级政府采购项目组织集中采购的需要设立的、专门从事政府集中采购目录以内项目采购代理活动的非营利事业法人。

▎关联参见

《政府采购法实施条例》第12条

第十五条 【采购人的概念】 采购人是指依法进行政府采购的国家机关、事业单位、团体组织。

▎条文解读

根据《政府采购法》的规定,在政府采购活动中,采购人依法主要享有以下权利:(1)对未纳入集中采购目录的政府采购项目,有自行进行采购的权利;(2)对未纳入集中采购目录的政府采购项目,有权自行选择采购代理机构；（3）有根据采购项目的特殊要求规定供应商条件的权利，有权要求参与政府采购；（4）有委托采购代理机构与供应商签订政府采购合同的权利；（5）有组织对供应商履约进行验收的权利。此外，采购人依法享有确认采购文件，确认中标、成交结果等权利。

根据《政府采购法实施条例》第11条的规定，采购人在政府采购活动中应当维护国家利益和社会公共利益，公正廉洁，诚实守信，执行政府采购政策，建立政府采购内部管理制度，厉行节约，科学合理确定采购需求。采购人不得向供应商索要或者接受其给予的赠品、回扣或者与采购无关的其他商品、服务。除此之外，采购人还须在政府采购活动中履行下列义务：（1）公开政府采购项目的采购标准。采购标准，是指采购人进行项目采购所依据的国家关于财政支出的经费预算标准和资产配置标准等。（2）维护公平、公正的政府采购市场竞争秩序，及时公开政府采购信息，不得在采购文件中以不合理的条件对供应商实行差别待遇或者歧视待遇，不得非法干预采购代理机构的采购活动和评审活动，采购人在采购活动完成后，应当将采购结果予以公布。（3）严格履行政府采购合同。（4）及时向财政部门反映政府采购活动中发现的违法违规行为。（5）建立政府采购内部管理制度，加强对所属单位的政府采购管理。

案例指引

06. 采购人是否可以以专家身份参与本部门或者本单位采购项目的评标？[①]

某年11月，甲招标公司接受采购人某学校的委托，就该校"新教学楼办公桌椅采购项目"组织公开招标工作，项目预算190万元人民币。11月14日，采购人确认了招标文件，甲招标公司于11月15日发布了招标公告，并同时开始发售招标文件。在招标文件发售期内，共有

---

① 参见《案例九："缺斤少两"的评标专家》，载中国政府采购网，http://www.ccgp.gov.cn/aljd/201611/t20161121_7606149.htm，最后访问日期：2025年3月29日。

四家供应商购买了招标文件。12月5日投标截止，四家供应商均递交了投标文件。甲招标公司组织了项目开标和评标，经过评审，评标委员会推荐了丙公司为中标候选人。采购人对评标结果进行确认后，甲招标公司于12月8日发布了中标公告，公布丙公司为中标人。

中标公告发布后，乙公司提出质疑，称：丙公司在办公家具行业内属于质次价低的供应商，按照本次招标文件中的评分标准，虽然丙公司价格分能够拿到满分，但是技术分上与乙公司的差距很大，丙公司在价格分上的优势根本不能弥补其在技术分上与乙公司的差距，因此，本次招标丙公司能中标，一定是评标委员会在评审过程中存在不公正的情况。甲招标公司在收到质疑后，组织了原评标委员会对评标结果进行复核。原评标委员会出具的复核意见称：本项目采用综合打分法，评标委员会按照招标文件规定的评分办法进行评审，对各投标人的评分均是客观公正的。甲招标公司根据评标委员会的复核意见对乙公司进行了答复，乙公司对此质疑答复不满，向财政部门提出投诉。

本案的争议焦点是，评标中是否存在不公正的情况。因此，财政部门调取了本项目的招标文件、投标文件和评标报告等资料。调查发现，在《评标委员会成员签到表》中，共有5位评委，其中2人填写的工作单位显示这两个人都是采购人所在学校的工作人员，其中一名是该校副校长，另一名是采购办主任。财政部门调取的评标专家抽取记录显示，甲招标公司12月4日抽取评标专家时，共抽取了3名外聘专家。随后，财政部门向甲招标公司询问了解了相关的情况。甲招标公司解释说，本项目金额不大，按照法律规定评标委员会有5名评委即可。在抽取专家之前，采购人通知甲招标公司该校的副校长和采购办主任都要参与本次评审工作。甲招标公司了解到该副校长具有高级经济师、教授级高工职称，认为可以将该副校长列为经济类专家参与评审，因此，在抽取评标专家时，仅抽取了3名外聘专家。从评标报告中的评分表看，所有评委的打分均比较客观，没有畸高畸低的重大差异评分出现，在技术分一栏中，乙公司确实比丙公司得分高，但由于本项目是综合评分法，评分因素包括价格、技术、信誉、业绩、服务五项，丙公司综合得分排名第一，基本可以排除评标不公平的情况。

本案反映了政府采购中，采购人委派代表和采购代理机构抽取评标专家时应该注意的问题，即采购人代表参与评审工作时，不能以专家身份参与本部门或者本单位采购项目的评标，另外采购代理机构也应该严格按照法律规定抽取专家。在一个采购项目中，评标委员会应由采购人代表和评审专家组成，成员人数应当为5人以上单数，其中专家不得少于成员总数的2/3。之所以这样要求，是因为评标是一项专业性、技术性很强的工作，且需要独立、公正，不能受外界任何因素的不当影响，因此，评标工作必须依靠具有一定专业知识且身份独立于采购人的专家进行；同时，评标工作的最终目的是为采购人评选出最符合采购需求的投标人，因此，应该给采购人在评标中表达自己意见的机会。但由于在项目前期调研和市场调查中，供应商难免会与采购人有所接触，在评标前采购人已对不同的供应商形成了既定的印象，同时，供应商也有可能通过不正当手段对采购人施加影响，因此，评标委员会中的采购人代表不应过多，以免影响评标委员会的独立、公正判断。所以，采购人代表如果以专家身份参与本单位采购项目的评标，虽然在形式上满足了专家超过评委总数的2/3，但可能会造成事实上采购人代表过多，极端情况下甚至可能出现所有专家均来自采购人单位，造成评标委员会成员全部为采购人内部人员的情况，这就不能保证评标工作的独立和公正，因此，采购人代表不能以专家身份参与本单位采购项目的评标工作。在本案中，采购人和甲招标公司即忽视了上述问题，采购人委派代表过多，甲招标公司没有按照规定抽取评标专家，造成项目评标委员会构成不合法。

因此，财政部门认为，本项目中甲招标公司在采购人委派2名评审代表的情况下，只抽取了3名外聘专家，违反了《政府采购货物和服务招标投标管理办法》第47条"评标委员会由采购人代表和评审专家组成，成员人数应当为5人以上单数，其中评审专家不得少于成员总数的三分之二……评审专家对本单位的采购项目只能作为采购人代表参与评标，本办法第四十八条第二款规定情形除外……"的规定。

综上，财政部门作出如下处理决定：本项目违反了《政府采购货物和服务招标投标管理办法》第 47 条的规定，采购行为违法，责令重新开展采购活动。

第十六条 【集中采购机构的性质和设立】集中采购机构为采购代理机构。设区的市、自治州以上人民政府根据本级政府采购项目组织集中采购的需要设立集中采购机构。

集中采购机构是非营利事业法人，根据采购人的委托办理采购事宜。

条文解读

设置集中采购机构是政府职能，为此本条提出了下列设置原则：一是地域性原则。设区的市、自治州以上的人民政府可以设立集中采购机构。二是非强制性原则。地级市以上的人民政府是否设立集中采购机构，应当根据集中采购规模具体确定。如果集中采购的规模不大，也可以不设立专门的集中采购机构。三是独立设置原则。结合《政府采购法》第 60 条规定，政府采购监督管理部门不得设置集中采购机构，同时规定采购代理机构与行政机关不得存在隶属关系或者其他利益关系，换句话说，集中采购机构不得设立在行政机关内，没有主管部门，应当独立设置。

实务应用

06. 集中采购机构的主要职能是什么？

《政府采购法实施条例》第 12 条规定："政府采购法所称采购代理机构，是指集中采购机构和集中采购机构以外的采购代理机构。集中采购机构是设区的市级以上人民政府依法设立的非营利事业法人，是代理集中采购项目的执行机构。集中采购机构应当根据采购人委托制定集中采购项目的实施方案，明确采购规程，组织政府采购活动，不得将集中采购项目转委托。集中采购机构以外的采购代理机构，是从事采购代理业务的社会中介机构。"集中采购机构的职能主要是受委托代理采购人组织采购活动，其性质为采购代理机构。《政府采购法》规定的集中采购范围，必须由集中采购机构按照采购人委托的业务范围组织好采购活动。对于《政府采购法》规定的集中采购范围之外的采购项目，是否委托代理机构组织采购，由采购人自行决定。

07. 集中采购机构的执业要求是什么？

根据《政府采购法实施条例》第13条、第14条的规定，采购代理机构应当建立完善的政府采购内部监督管理制度，具备开展政府采购业务所需的评审条件和设施。采购代理机构应当提高确定采购需求，编制招标文件、谈判文件、询价通知书，拟订合同文本和优化采购程序的专业化服务水平，根据采购人委托在规定的时间内及时组织采购人与中标或者成交供应商签订政府采购合同，及时协助采购人对采购项目进行验收。采购代理机构不得以不正当手段获取政府采购代理业务，也不得与采购人、供应商恶意串通操纵政府采购活动。采购代理机构工作人员不得接受采购人或者供应商组织的宴请、旅游、娱乐，不得收受礼品、现金、有价证券等，不得向采购人或者供应商报销应当由个人承担的费用。

第十七条 【集中采购机构工作要求】集中采购机构进行政府采购活动，应当符合采购价格低于市场平均价格、采购效率更高、采购质量优良和服务良好的要求。

条文解读

本条规定了集中采购机构的工作要求。

第一，采购价格要低于市场平均价格。这里的价格是指特定采购对象的价格，市场平均价格是指特定采购对象的成本加上合理利润，既不是市场价格，也不能低于成本。集中采购机构开展的采购活动，与采购人开展的采购活动一样，必须低于市场平均价格，这是推行政府采购制度的基本要求。

第二，采购效率更高。采购效率包括采购次数要少、采购周期要短，目标是要及时满足采购人的需要。这项工作要求旨在促进集中采购机构加强内部管理，提高采购业务，增强采购的计划性，缩短采购周期，及时完成受委托的采购项目。

第三，采购质量优良。采购质量是指对采购对象的规格、性能、安全等方面的要求，采购质量不仅指采购对象本身，还涉及售后服务水平。政府采购的对象的质量直接关系到政府提供公共服务的水平，因此，必须保证采购质量，实现物有所值的目标。

第四，服务良好。集中采购机构是采购人的采购代理机构，其中心工作是为采购人做好服务。为此，集中采购机构要加强自身建设，提高干部职工的政治思想水平，强化服务意识，始终要把采购人的利益放在第一位，当好采购人满意的采购员。

关联参见

《政府采购法实施条例》第 13 条

第十八条　【政府采购项目实施主体】 采购人采购纳入集中采购目录的政府采购项目，必须委托集中采购机构代理采购；采购未纳入集中采购目录的政府采购项目，可以自行采购，也可以委托集中采购机构在委托的范围内代理采购。

纳入集中采购目录属于通用的政府采购项目的，应当委托集中采购机构代理采购；属于本部门、本系统有特殊要求的项目，应当实行部门集中采购；属于本单位有特殊要求的项目，经省级以上人民政府批准，可以自行采购。

条文解读

政府采购项目 ➡ 我国的政府采购项目分为集中采购项目和分散采购项目两大类,其中,集中采购项目是指列入集中采购目录的采购项目,分散采购项目是指集中采购目录之外且达到限额标准以上的采购项目。纳入集中采购目录的采购项目,采购人不能直接采购,必须委托给集中采购机构代理采购。分散采购项目可以由采购人自行组织采购,也可以部分或者全部委托给集中采购机构代理采购。

我国的集中采购分为集中采购机构的采购和部门集中采购两种形式。其中,集中采购目录中的通用政府采购项目,主要是跨部门的通用商品及日常服务项目等,必须由集中采购机构代理采购,部门和单位不允许自行采购。集中采购目录中涉及某些部门的特殊项目,应当由相关部门实行集中采购,不必委托集中采购机构代理采购。如果纳入集中采购目录中的采购项目,属于个别单位的特殊需求,而且不具备批量特征,可以由该单位自行组织采购,但事前必须得到省级以上人民政府的批准。否则,为违法行为。

第十九条 【采购人委托采购代理采购】 采购人可以委托集中采购机构以外的采购代理机构,在委托的范围内办理政府采购事宜。

采购人有权自行选择采购代理机构,任何单位和个人不得以任何方式为采购人指定采购代理机构。

条文解读

本条规定了采购人委托社会中介机构代理采购的要求。

本条所称的采购代理机构是依法设立、从事采购代理业务并提供相关服务的社会中介机构,不是集中采购机构。采购人有将采购事务委托社会中介机构承办的权利。采购人可以自行从符合规定的采购代理机构中选择委托机构，不受其他组织或个人的影响，任何单位和个人不得以任何方式为采购人指定采购代理机构，剥夺采购人的应有权利。

第二十条 【委托代理协议】采购人依法委托采购代理机构办理采购事宜的，应当由采购人与采购代理机构签订委托代理协议，依法确定委托代理的事项，约定双方的权利义务。

条文解读

采购人委托代理机构办理采购事宜是一种民事活动，双方通过签订委托代理协议明确约定各方的权利、义务和法律责任，双方应当按照委托代理协议履行各自的义务，采购代理机构在代理活动中不得超越代理权限。当发生纠纷时，双方将依据委托代理协议的内容来确定各自的法律责任。《政府采购法实施条例》第16条规定："政府采购法第二十条规定的委托代理协议，应当明确代理采购的范围、权限和期限等具体事项。采购人和采购代理机构应当按照委托代理协议履行各自义务，采购代理机构不得超越代理权限。"

通常来讲，采购代理机构是代理采购活动的机构，应对采购活动承担法律责任。但是，有关评标出现违法情形的法律责任问题，应由评标委员会的成员承担。《政府采购货物和服务招标投标管理办法》第46条规定了评标委员会在评标过程中履行的职责，第62条规定了评标委员会不得出现的违法行为，第81条规定了评标委员会成员的违法行为的法律责任。对于评标过程出现的违法情形，有关责任人应依法承担法律责任，而不是由采购代理机构来承担，采购代理机构只是评标的组织者。

关联参见

《政府采购法实施条例》第12条、第16条；《政府采购货物和服务招标投标管理办法》第46条、第62条、第81条

第二十一条 　【供应商】供应商是指向采购人提供货物、工程或者服务的法人、其他组织或者自然人。

条文解读

供应商 ➡ 供应商是政府采购市场的供方主体,是政府采购当事人之一。《民法典》将民事主体分为法人、非法人组织和自然人三类。法人是具有民事权利能力和民事行为能力,依法独立享有民事权利和承担民事义务的组织,可以划分为营利法人(包括有限责任公司、股份有限公司和其他企业法人)、非营利法人(包括事业单位、社会团体、基金会、社会服务机构)和特别法人(包括机关法人、农村集体经济组织法人、城镇农村的合作经济组织法人、基层群众性自治组织法人)。非法人组织是指不具有法人资格,但是能够依法以自己的名义从事民事活动的组织,包括个人独资企业、合伙企业、不具有法人资格的专业服务机构等,与本法中的"其他组织"不完全一致。《最高人民法院关于适用〈中华人民共和国民事诉讼法〉的解释》第52条规定,"其他组织"是指合法成立、有一定的组织机构和财产,但又不具备法人资格的组织,包括个人独资企业、合伙企业、中外合作经营企业、外资企业、社会团体的分支机构和代表机构、法人的分支机构、银行和非银行金融机构的分支机构、乡镇企业和街道企业等。从这个范围可以看出,"其他组织"既包括法人的分支机构,也包括大量的非法人组织,与《民法典》中的"非法人组织"是有区别的。非法人组织可以自己的名义从事民事活动,也就是适格的"供应商"。自然人是从出生时起到死亡时止,具有民事权利能力,依法享有民事权利,承担民事义务的民事主体。由此,按照《民法典》对民事主体的划分,"供应商"应当界定为法人(含法人分支机构)、非法人组织和自然人。

案例指引

07. 夫妻分别注册了不同的公司，是否可以参加同一项目的投标？①

某政府采购货物招标项目，采用综合评分法。至投标截止时间，共有8家供应商递交投标文件，经评审，甲公司被确定为中标人。

中标结果公告后，未中标的乙公司向采购人提出质疑，称中标人甲公司和未中标的丙公司的法定代表人系夫妻关系，不应被允许同时参加本项目的投标；两家公司同时投标，难以避免相互知晓投标情况，达成某种一致，形成串通投标。因而，要求判定甲公司和丙公司投标无效，并取消甲公司的中标资格。

首先，夫妻分别注册不同公司，参加同一项目的投标并不为法律禁止。《政府采购法实施条例》第18条第1款规定："单位负责人为同一人或者存在直接控股、管理关系的不同供应商，不得参加同一合同项下的政府采购活动。"该法条禁止的是不同供应商之间存在直接控股和管理关系，本项目供应商甲公司和丙公司的法定代表人虽系夫妻关系，但单位负责人不是同一人，且甲、丙两家公司之间不存在直接控股、管理关系，不属于该法条的禁止情形，甲公司和丙公司可以参加同一合同项下的政府采购项目的投标。

其次，判定供应商之间是否相互串通应符合法定情况。就本案而言，判定甲、丙两家公司的投标文件是否有效，关键在于须进一步查证甲公司和丙公司之间是否存在相互串通的事实。《政府采购法实施条例》第74条规定："有下列情形之一的，属于恶意串通……（一）供应商直接或者间接从采购人或者采购代理机构处获得其他供应商的相关情况并修改其投标文件或者响应文件；（二）供应商按照采购人或者采

---

① 参见张志军主编：《政府采购全流程百案精析》，中国法制出版社2019年版，第73—75页。

购代理机构的授意撤换、修改投标文件或者响应文件;(三)供应商之间协商报价、技术方案等投标文件或者响应文件的实质性内容;(四)属于同一集团、协会、商会等组织成员的供应商按照该组织要求协同参加政府采购活动;(五)供应商之间事先约定由某一特定供应商中标、成交;(六)供应商之间商定部分供应商放弃参加政府采购活动或者放弃中标、成交;(七)供应商与采购人或者采购代理机构之间、供应商相互之间,为谋求特定供应商中标、成交或者排斥其他供应商的其他串通行为。"《政府采购货物和服务招标投标管理办法》第37条规定:"有下列情形之一的,视为投标人串通投标,其投标无效:(一)不同投标人的投标文件由同一单位或者个人编制;(二)不同投标人委托同一单位或者个人办理投标事宜;(三)不同投标人的投标文件载明的项目管理成员或者联系人员为同一人;(四)不同投标人的投标文件异常一致或者投标报价呈规律性差异;(五)不同投标人的投标文件相互混装;(六)不同投标人的投标保证金从同一单位或者个人的账户转出。"本项目在评审时,如发现甲公司和丙公司的法定代表人存在夫妻关系,为慎重起见,采购人应提醒评标专家仔细核查两家公司的投标文件,如两家公司的投标文件中,出现上述法条明列的情形,方可依法判定其串通投标或视为串通投标,其投标文件无效。否则,仅凭两家公司的法定代表人为夫妻关系这一证据,尚不足以直接认定为串标。

第二十二条 【供应商资格条件】供应商参加政府采购活动应当具备下列条件:

(一)具有独立承担民事责任的能力;

(二)具有良好的商业信誉和健全的财务会计制度;

(三)具有履行合同所必需的设备和专业技术能力;

(四)有依法缴纳税收和社会保障资金的良好记录;

(五)参加政府采购活动前三年内,在经营活动中没有重大违法记录;

(六)法律、行政法规规定的其他条件。

采购人可以根据采购项目的特殊要求,规定供应商的特定条件,但不得以不合理的条件对供应商实行差别待遇或者歧视待遇。

条文解读

本条规定了参加政府采购活动的供应商应当具备六个方面的基本条件。另外,采购人根据采购项目的特殊性,还可以规定特定条件。

根据《政府采购法实施条例》第17条规定,参加政府采购活动的供应商应当具备本条第1款规定的条件,提供下列材料:(1)法人或者其他组织的营业执照等证明文件,自然人的身份证明;(2)财务状况报告,依法缴纳税收和社会保障资金的相关材料;(3)具备履行合同所必需的设备和专业技术能力的证明材料;(4)参加政府采购活动前3年内在经营活动中没有重大违法记录的书面声明;(5)具备法律、行政法规规定的其他条件的证明材料。

实务应用

08. "重大违法记录"如何理解?

本条中的"重大违法记录",根据《政府采购法实施条例》第19条规定,是指供应商因违法经营受到刑事处罚或者责令停产停业、吊销许可证或者执照、较大数额罚款等行政处罚。《财政部关于〈中华人民共和国政府采购法实施条例〉第十九条第一款"较大数额罚款"具体适用问题的意见》将"较大数额罚款"认定为200万元以上的罚款,法律、行政法规以及国务院有关部门明确规定相关领域"较大数额罚款"标准高于200万元的,从其规定。另外,《政府采购法实施条例》第18条还规定,单位负责人为同一人或者存在直接控股、管理关系的不同供应商,不得参加同一合同项下的政府采购活动。除单一来源采购项目外,为采购项目提供整体设计、规范编制或者项目管理、监理、检测等服务的供应商,不得再参加该采购项目的其他采购活动。供应商在参加政府采购活动前3年内因违法经营被禁止在一定期限内参加政府采购活动，期限届满的，可以参加政府采购活动。

案例指引

08. 采购文件将特定金额的合同业绩作为投标人资格条件是否合法合规？[①]

某年3月28日，甲招标公司接受采购人委托，就该单位"物业消防运行服务项目"组织公开招标工作。自4月4日发布招标公告开始，招标过程历经了发售招标文件、开标和评标，期间共有6家投标人参与投标活动，经评审乙公司综合得分最高，被推荐为第一中标候选人。采购人确认评标结果后，甲招标公司发布了中标公告。随后，投标人丙公司向财政部门提出举报，称：招标公告供应商的资质条件中，设置了"自某年至某年三年内须具有1个（含）以上，合同金额在200万元（含）以上物业管理服务"的业绩条件，属于以不合理的条件对供应商实行差别待遇或歧视待遇。

本案的争议焦点是，采购文件将特定金额的合同业绩作为供应商的资格条件是否构成以不合理的条件对供应商实行差别待遇或歧视待遇。因此，财政部门依法调取了本项目的招标公告、招标文件、投标文件等相关材料。调查发现，甲招标公司于4月4日在中国政府采购网发布招标公告，该公告第11条第5款对供应商资格设置了"自某年至某年三年内须具有1个（含）以上合同金额在200万元（含）以上物业管理服务业绩"的规定。

在调查取证阶段，采购人和甲招标公司答复称：本项目的业绩要求是从项目的专业特点和实际需要出发作出的规定；同时，其所要求的合同业绩金额低于本项目的招标预算金额，不属于以不合理的条件对供应

[①] 参见《案例二十一：被"独宠"的特定金额合同》，载中国政府采购网，http://www.ccgp.gov.cn/aljd/201704/t20170428_8173896.htm，最后访问日期：2025年3月29日。

商实行差别待遇或者歧视待遇。

本案反映了政府采购活动中出现的几个相关问题：

一是采购文件将特定金额的合同业绩作为投标人资格条件是否合法合规的问题。本案中，招标公告对供应商200万元合同业绩的资格条件要求不具有合理性：其一，采购方对200万元合同业绩的限定无法提供合法有效的依据，虽然200万元的要求低于项目的预算金额，但该限定与项目本身的预算金额并无直接关联性，采购方提出的该合同业绩金额限定低于项目招标预算金额的说法无法证明该200万元合同业绩要求的合理性；其二，采购人和代理机构有多种方式可以实现对供应商履约能力的考核，将特定金额的合同业绩设定成资格条件并非唯一不可替代的方式，而这种方式会构成"以不合理的条件对供应商实行差别待遇或者歧视待遇"，违反了《政府采购法》第22条第2款的规定；其三，"合同金额"的限定虽然不是直接对企业规模的限定，但由于合同金额与营业收入直接相关，实质上是对中小企业营业收入的限制，构成对中小企业实行差别待遇或者歧视待遇。

二是采购文件编制中违法行为的法律责任问题。在政府采购活动中，虽然采购人委托了代理机构从事政府采购代理活动，但招标文件的编制是由采购人和代理机构共同完成的，且最终需经采购人书面确认。所以，采购人和代理机构须对采购文件编制中的违法行为共同承担责任。

因此，财政部门认为，该项目招标文件将供应商具有特定金额的合同业绩作为资格条件，违反了《政府采购法》第22条第2款"采购人可以根据采购项目的特殊要求，规定供应商的特定条件，但不得以不合理的条件对供应商实行差别待遇或者歧视待遇"，以及《政府采购促进中小企业发展管理办法》第5条"采购人在政府采购活动中应当合理确定采购项目的采购需求，不得以企业注册资本、资产总额、营业收入、从业人员、利润、纳税额等规模条件和财务指标作为供应商的资格要求或者评审因素，不得在企业股权结构、经营年限等方面对中小企业实行差别待遇或者歧视待遇"的规定。

综上，财政部门作出如下处理决定：根据《政府采购法》第 36 条、第 71 条，以及《政府采购法实施条例》第 71 条第 1 款第 2 项的规定，决定该项目中标无效，责令采购单位重新开展采购活动，并对采购人和甲招标公司作出警告的行政处罚。

关联参见

《政府采购法实施条例》第 17 条、第 19 条、第 20 条

第二十三条　【供应商资格审查】采购人可以要求参加政府采购的供应商提供有关资质证明文件和业绩情况，并根据本法规定的供应商条件和采购项目对供应商的特定要求，对供应商的资格进行审查。

条文解读

本条规定了供应商资格审查的主体及审查内容。

供应商资格的审查或确认由各采购人负责。在具体采购活动中，采购人还可以要求供应商提供证明其履约能力的文件，如资质和业绩情况等。所有这些条件和要求，必须提供相应的文件，以备审查或确认。

根据资格审查的时间，对供应商的资格审查分为资格预审和资格后审。根据《政府采购法实施条例》第 21 条的规定，采购人或者采购代理机构对供应商进行资格预审的，资格预审公告应当在省级以上人民政府财政部门指定的媒体上发布。已进行资格预审的，评审阶段可以不再对供应商资格进行审查。资格预审合格的供应商在评审阶段资格发生变化的，应当通知采购人和采购代理机构。资格预审公告应当包括采购人和采购项目名称、采购需求、对供应商的资格要求以及供应商提交资格预审申请文件的时间和地点。提交资格预审申请文件的时间自公告发布之日起不得少于 5 个工作日。资格后审，就是在评审过程中对供应商进行资格审查。

案例指引

09. 投标人在制作投标文件时，未在需要加盖投标人公章资料上盖章的，应如何处理？[①]

某年5月，甲招标公司接受采购人委托，就"某柴油发电机设备采购项目"进行公开招标。6月6日，采购人确认了招标文件，甲招标公司在中国政府采购网发布了招标公告。标书发售期间，共有5家供应商购买了招标文件。6月27日投标截止，5家投标人均按时递交了投标文件。开标仪式结束后，甲招标公司组织了评标工作，由2名采购人代表和5名随机抽取的专家组成的评标委员会共同完成了评标工作。经评审，5家投标人均属于无效投标，本项目废标。6月28日，甲招标公司得到采购人的确认后，发布了废标公告。

6月29日，投标人乙公司提出质疑，称：其投标文件是按照招标文件的要求编制的，完全响应招标文件实质性条款，评标委员会不应当在初审阶段认定其投标无效。甲招标公司答复质疑称：招标文件规定，投标人须提供ISO9000系列质量管理体系认证情况、ISO14001：2004环境管理体系认证（复印件，加盖公章），柴油发电机组的泰尔认证（复印件，加盖公章），该条款为实质性条件，不满足该条件将导致投标无效。在本项目初审阶段，评标委员会认为乙公司提供的ISO9000系列质量管理体系认证情况、ISO14001：2004环境管理体系认证均不是乙公司的认证证书，而且未加盖自身的公章，柴油发电机组的泰尔认证也未加盖乙公司的公章，不满足招标文件要求中实质性条款的要求。乙公司对此质疑答复不满，向财政部门提出投诉。

本案的争议焦点是，乙公司是否满足招标文件要求中的实质性条款。因此，财政部门调取了本项目的招标文件、投标文件和评标报告等

[①] 参见《案例十一：不可或缺的"章"》，载中国政府采购网，http：//www.ccgp.gov.cn/aljd/201702/t20170213_7915936.htm，最后访问日期：2025年3月29日。

资料。调查发现，招标文件第二部分投标人须知"投标文件的组成"部分规定，资格证明文件应包括："①投标人须提供ISO9000系列质量管理体系认证情况、ISO14001：2004环境管理体系认证（复印件，加盖公章）；②柴油发电机组的泰尔认证（复印件，加盖公章）"，该条款为实质性条件，不满足该条件将导致投标无效。投标人须知"投标文件的签署及规定"部分规定，组成投标文件的各项资料，投标人应填写全称，并加盖单位印章。乙公司投标文件中质量管理体系认证证书、环境管理体系认证证书及泰尔认证证书均加盖了制造商的公章而没有投标人自身的公章。在评标结果中，评标委员会也是根据上述情况认定乙公司的投标无效的。

本案反映了投标人在制作投标文件时，应该注意需要加盖投标人公章资料的问题。投标人作为采购当事人之一，直接参与采购活动，应当按照招标文件的要求对所提供的各项资料加盖公章，以证明对文件的真实性负责。本案中，招标文件第二部分投标人须知"投标文件的组成"部分要求的资格证明文件，都应该是针对投标人的要求，因此要求加盖的公章也应该是投标人的公章。即使投标人作为代理商，提供的资料是制造商的证书，但是既然放在投标文件中作为支持性文件的一部分，也应该加盖投标人的公章来证明其资料的有效性。乙公司投标文件的认证证书中没有加盖投标人的公章，导致了投标文件的无效。

因此，财政部门认为，《政府采购货物和服务招标投标管理办法》第63条规定："投标人存在下列情况之一的，投标无效：……（二）投标文件未按招标文件要求签署、盖章的……"本项目乙公司投标文件中的质量管理体系认证证书、环境管理体系认证证书及泰尔认证证书均加盖了制造商的公章而没有投标人自身的公章，评标委员会据此认定乙公司的投标无效符合上述规定。

综上，财政部门作出如下处理决定：根据《政府采购质疑和投诉办法》第29条第2项的规定，乙公司的投诉事项缺乏事实依据，投诉事项不成立，予以驳回。

第二十四条 【政府采购联合体】两个以上的自然人、法人或者其他组织可以组成一个联合体,以一个供应商的身份共同参加政府采购。

以联合体形式进行政府采购的,参加联合体的供应商均应当具备本法第二十二条规定的条件,并应当向采购人提交联合协议,载明联合体各方承担的工作和义务。联合体各方应当共同与采购人签订采购合同,就采购合同约定的事项对采购人承担连带责任。

条文解读

本条规定了政府采购联合体。

采购人或者采购代理机构应当根据采购项目的实施要求,在招标公告、采购公告、资格预审公告或者投标邀请书中载明是否接受联合体。如未载明,不得拒绝联合体。

实务应用

09. 联合体的资质等级与业绩如何确定?

《政府采购法实施条例》第22条规定:"联合体中有同类资质的供应商按照联合体分工承担相同工作的,应当按照资质等级较低的供应商确定资质等级。以联合体形式参加政府采购活动的,联合体各方不得再单独参加或者与其他供应商另外组成联合体参加同一合同项下的政府采购活动。"联合体是以一个供应商的身份参加政府采购项目的,和其他供应商一样,其也应满足供应商的资格条件。同一专业的单位组成的联合体,按照联合体各方资质等级最低的认定其资质及业绩;不同专业的单位组成的联合体,按照联合体协议分工所承担的专业工作对应各自的专业资质及其业绩认定。联合体协议书(也称"共同投标协议")用以明确联合体牵头人及各成员方的权利、义务以及各自拟承担的项目内容。采购人确认联合体投标资格、联合体成员具体分工,依据就是联合体协议书。

案例指引

10. 联合体投标必须提交合格的联合体协议和投标授权书吗？[1]

2015年8月31日，某区公安局指挥中心系统集成项目招标信息发布。某研究所与某计算机公司组成联合体参加该项目投标，双方签订的《联合体协议书》约定："某研究所为联合体牵头人，联合体牵头人与业主签订合同书，并就中标项目向业主承担合同规定的义务、责任和风险"，所附授权委托书载明："兹委派我公司××先生，代表我公司全权处理××区公安局指挥中心系统集成项目政府采购投标的一切事项，若中标则全权代表本公司签订相关合同，并负责处理合同履行等事宜"，"投标人名称（公章）"处加盖某研究所公章，"法定代表人（签字或盖章）"处为某研究所法定代表人签字。

同年10月14日，市公共资源交易中心发布某研究所和计算机公司联合体预中标的公告，某通信设备公司对此提出质疑。市公共资源交易中心组织原评标委员会进行复核后认定："某研究所和计算机公司提供的联合体协议书不符合联合体协议的其他法律要件，原评审审查失误，应予纠正，该联合体投标无效，推荐下一顺序单位通信设备公司为预中标公示单位"，并据此意见对前述质疑进行了书面回复。

2015年11月3日，经某区公安局确认，市公共资源交易中心发布了采购结果更正公告。某研究所及计算机公司对该质疑回复不服，向市财政局投诉提出：投诉人投标文件中出具的授权委托书符合法律法规要求。

市财政局于12月17日作出《政府采购供应商投诉处理决定书》，认为："通信设备公司提出质疑，内容涉及投诉人的投标主体、联合体资格认定相关问题，市公共资源交易中心组织复核，符合规定。该联合

---

[1] 参见张志军主编：《政府采购全流程百案精析》，中国法制出版社2019年版，第87—89页。

体协议书不符合《政府采购法》第24条的规定，实质上不具有法律意义上的联合体协议要件，评审委员会据此判定其联合体投标无效，符合法律规定"，决定驳回投诉人的投诉。

某研究所及计算机公司不服投诉处理决定，向省财政厅申请行政复议，要求撤销市财政局作出的投诉处理决定和市公共资源交易中心作出的《质疑回复》。

2016年4月5日，省财政厅经组织听证、审理，作出行政复议决定，决定维持市财政局作出的投诉处理决定，驳回某研究所及计算机公司的行政复议申请。

首先，供应商组成联合体投标的，应提交联合体协议。本案中，某通信设备公司提起的质疑及某研究所和计算机公司提起的投诉和行政复议，涉及的核心问题是联合体协议是否有效。《政府采购法》第24条规定："两个以上的自然人、法人或者其他组织可以组成一个联合体，以一个供应商的身份共同参加政府采购。以联合体形式进行政府采购的，参加联合体的供应商均应当具备本法第二十二条规定的条件，并应当向采购人提交联合体协议，载明联合体各方承担的工作和义务。联合体各方应当共同与采购人签订采购合同，就采购合同约定的事项对采购人承担连带责任。"根据上述法条，合格的联合体协议，应具备以下条件：从内容上讲，联合体协议必须载明联合体各方成员承担的工作和义务；从签订程序来讲，必须经联合体各方成员签字盖章，一般由联合体各方成员法定代表人签订该协议，也可委托授权代表签署；从各方联合体成员资格来讲，还要符合《政府采购法》第22条规定的条件，即：（1）具有独立承担民事责任的能力；（2）具有良好的商业信誉和健全的财务会计制度；（3）具有履行合同所必需的设备和专业技术能力；（4）有依法缴纳税收和社会保障资金的良好记录；（5）参加政府采购活动前3年内，在经营活动中没有重大违法记录；（6）法律、行政法规规定的其他条件。

其次，联合体投标应提交由所有成员法定代表人签署的投标授权书。《民法典》第161条第1款规定:"民事主体可以通过代理人实施民事法律行为。"第165条规定:"委托代理授权采用书面形式的,授权委托书应当载明代理人的姓名或者名称、代理事项、权限和期间,并由被代理人签名或者盖章。"在联合体投标时,联合体各方法定代表人一般不会同时出面共同亲自办理投标事宜,此时必须共同委托同一个投标代表代表联合体办理投标事宜,这就需要提交联合体各方成员法定代表人共同签署的授权委托书,表示该投标授权代表代理联合体投标。投标授权书的委托权限必须表明该授权代表有权代表联合体各方成员参加投标,而不限于联合体其中一方或几方成员。如果仅有联合体其中一方成员法定代表人授权而无其他成员授权的,则不能代表其他成员授权,也就不能代表联合体整体投标。

最后,联合体协议内容和授权委托书应符合法定要件。本案中,某研究所和计算机公司提交的联合体协议中只规定牵头人的职责是签订合同,但未明确其代表联合体全权办理投标事宜,且所附投标授权委托书只有某研究所的签字和盖章,并未载明计算机公司法定代表人的授权委托情况,故联合体协议及授权委托书的内容只能表明:牵头人只负责签订合同,不代表联合体各方办理投标事宜;该牵头人指定的授权人也只代表某研究所本身负责投标、签订合同,计算机公司并未委托该授权代表代理其参与联合体投标的权限,故其不能代表联合体各方投标,不能认为联合体各方成员均明确授权同一代理人办理投标事宜。因此,该联合体协议书实质上不具有法律意义上的联合体协议要件,授权委托书不能满足代理联合体各方成员投标的要求,评审委员会判定其联合体投标无效符合法律规定。

另外,根据某研究所与计算机公司签订的《联合体协议》的约定,联合体牵头人与业主签订合同书,并就中标项目向业主承担合同规定的义务、责任和风险。仅从字面意思理解,意味着如中标,则由作为联合体牵头人的某研究所而非联合体各成员共同与业主签订采购合同,并向业主承担合同规定的义务、责任和风险。该条款与《政府采购法》第

24 条第 2 款 "联合体各方应当共同与采购人签订采购合同,就采购合同约定的事项对采购人承担连带责任"的规定不符。

关联参见

《政府采购法实施条例》第 22 条

第二十五条 【政府采购当事人的禁止事项】 政府采购当事人不得相互串通损害国家利益、社会公共利益和其他当事人的合法权益;不得以任何手段排斥其他供应商参与竞争。

供应商不得以向采购人、采购代理机构、评标委员会的组成人员、竞争性谈判小组的组成人员、询价小组的组成人员行贿或者采取其他不正当手段谋取中标或者成交。

采购代理机构不得以向采购人行贿或者采取其他不正当手段谋取非法利益。

条文解读

政府采购是采购人与供应商进行的一种商业性交易活动,如果不加强管理,或者缺乏规范化规定,则容易受利益的引诱,滋生腐败。另外,虽然政府采购的当事人是平等的民事主体,但采购人均为国家机关,掌握着商业机会的分配权,因此容易发生寻租现象。为防止此类现象的发生,有必要对有关当事人在政府采购活动中的禁止性事项予以明确。

第一,政府采购当事人不得相互串通、排斥其他供应商参与竞争。政府采购中的当事人相互串通和排斥其他供应商的行为多种多样。《政府采购法实施条例》第 74 条规定的恶意串通行为有:(1)供应商直接或者间接从采购人或者采购代理机构处获得其他供应商的相关情况并修改其投标文件或者响应文件;(2)供应商按照采购人或者采购代理机构的授意撤换、修改投标文件或者响应文件;(3)供应商之间协商报价、技术方案等投标文件或者响应文件的实质性内容;(4)属于同一集团、协会、商会等组织成员的供应商按照该组织要求协同参加政府采购活动；（5）供应商之间事先约定由某一特定供应商中标、成交；（6）供应商之间商定部分供应商放弃参加政府采购活动或者放弃中标、成交；（7）供应商与采购人或者采购代理机构之间、供应商相互之间，为谋求特定供应商中标、成交或者排斥其他供应商的其他串通行为。《政府采购货物和服务招标投标管理办法》第37条规定的供应商串通投标的情形为：（1）不同投标人的投标文件由同一单位或者个人编制；（2）不同投标人委托同一单位或者个人办理投标事宜；（3）不同投标人的投标文件载明的项目管理成员或者联系人员为同一人；（4）不同投标人的投标文件异常一致或者投标报价呈规律性差异；（5）不同投标人的投标文件相互混装；（6）不同投标人的投标保证金从同一单位或者个人的账户转出。

　　第二，供应商不得以不正当手段谋取中标或成交。供应商是市场主体，以营利为目的，应当严格按照本法规定的正当渠道获得商业机会。对不择手段如"找关系""跑路子"，拉拢腐蚀直接影响政府采购合同授予的有关机构和人员的供应商和行为要坚决予以制止。为此，本条第2款规定，供应商不得以向采购人、采购代理机构、评标委员会组成人员、竞争性谈判小组的组成人员、询价小组的组成人员行贿或者采取不正当手段谋取中标或成交。

　　第三，采购代理机构不得以不正当手段谋取非法利益。这里的采购代理机构包括集中采购机构和集中采购机构以外的采购代理机构。由于市场竞争激烈，商业机会有限，而且采购委托事务容易受到行政干预，有些采购代理机构为了承揽代理业务，往往会采取行贿或者服务费分成等办法。为此，本条第3款规定，采购代理机构不得以向采购人行贿或者采取其他不正当手段谋取非法利益。

　　为了规范采购代理机构的行为，保护采购当事人各方利益，《政府采购法实施条例》第14条规定了采购代理机构的特别禁止性行为，即采购代理机构不得以不正当手段获取政府采购代理业务，不得与采购人、供应商恶意串通操纵政府采购活动。采购代理机构工作人员不得接受采购人或者供应商组织的宴请、旅游、娱乐，不得收受礼品、现金、有价证券等，不得向采购人或者供应商报销应当由个人承担的费用。

案例指引

11. 如何认定串通投标的问题？[①]

某年5月10日，采购人委托A公司就"某系统采购项目"进行公开招标，5月12日在中国政府采购网发布招标公告。6月29日开标，7月1日发布中标公告，中标人为B公司。7月29日，举报人D公司向财政部门来函反映，称：投标人B公司与C公司在本项目投标活动中有串通投标行为，两家供应商的股东、发起人均为甲，存在实际的关联关系，属于《政府采购法实施条例》第74条第4项规定的串通投标的情形。同时，B公司和C公司的投标文件可能由同一家公司制作。

本案的争议焦点是，B公司与C公司之间的关联关系是否足以认定其构成串通投标？因此，财政部门调取了本项目的招标文件、投标文件和评标报告等资料。调查发现，招标文件第一章3.2规定："法定代表人为同一人的两个及两个以上法人，母公司及其全资子公司、控股公司，不得同时参加本招标项目投标。"全国企业信用信息公示系统网站显示："B公司的法定代表人为甲，股东为甲、乙；C公司的法定代表人、股东为乙。B公司注册资本为3000万元，其中甲的出资为1530万元，C公司的出资为1470万元；C公司的法定代表人为乙，注册资本为500万元，出资人为乙。"

本案反映了政府采购实践中，如何认定串通投标的问题。串通投标属于法定情形，只有符合政府采购相关法律法规规定的情形才能认定为串通投标。

[①] 参见《案例二十五："法"眼看串标》，载中国政府采购网，http：//www.ccgp.gov.cn/aljd/201704/t20170428_ 8174033.htm，最后访问日期：2025年3月29日。

第一,《政府采购法实施条例》第 18 条第 1 款规定:"单位负责人为同一人或者存在直接控股、管理关系的不同供应商,不得参加同一合同项下的政府采购活动。"本案中,虽然 C 公司的法定代表人与 B 公司的股东为同一人,但是 B 公司与 C 公司的负责人不属于同一人,也不存在直接控股、管理关系。故 B 公司与 C 公司不属于《政府采购法实施条例》第 18 条以及招标文件第一章 3.2 规定的禁止参加同一合同项下的政府采购活动的情形。

第二,《政府采购法实施条例》第 74 条规定:"有下列情形之一的,属于恶意串通,对供应商依照政府采购法第七十七条第一款的规定追究法律责任,对采购人、采购代理机构及其工作人员依照政府采购法第七十二条的规定追究法律责任:(一)供应商直接或者间接从采购人或者采购代理机构处获得其他供应商的相关情况并修改其投标文件或者响应文件;(二)供应商按照采购人或者采购代理机构的授意撤换、修改投标文件或者响应文件;(三)供应商之间协商报价、技术方案等投标文件或者响应文件的实质性内容;(四)属于同一集团、协会、商会等组织成员的供应商按照该组织要求协同参加政府采购活动;(五)供应商之间事先约定由某一特定供应商中标、成交;(六)供应商之间商定部分供应商放弃参加政府采购活动或者放弃中标、成交;(七)供应商与采购人或者采购代理机构之间、供应商相互之间,为谋求特定供应商中标、成交或者排斥其他供应商的其他串通行为。"本案中,虽然 B 公司与 C 公司之间存在股东交叉的关系,但不属于《政府采购法实施条例》第 74 条规定的恶意串通的情形。禁止性行为是法律对自由的限制,必须在法律规定的范围内进行认定。所以,只有存在法定串通投标情形的才能认定构成串通投标,进而根据《政府采购法》第 77 条进行处理,而不能仅凭两个供应商之间存在股东交叉的关联关系就认定构成串通投标。

经调查,财政部门未发现有证据证明 B 公司与 C 公司存在《政府采购法实施条例》第 74 条规定的恶意串通的情形,也没有发现 B 公司与 C 公司的投标文件有雷同之处。

综上，财政部门作出处理决定：举报事项缺乏事实依据。

第三章　政府采购方式

第二十六条　【政府采购方式】政府采购采用以下方式：

（一）公开招标；

（二）邀请招标；

（三）竞争性谈判；

（四）单一来源采购；

（五）询价；

（六）国务院政府采购监督管理部门认定的其他采购方式。

公开招标应作为政府采购的主要采购方式。

条文解读

公开招标 ◐ 公开招标，是指采购人依法以招标公告的方式邀请非特定的供应商参加投标的采购方式。

邀请招标 ◐ 邀请招标，是指采购人依法从符合相应资格条件的供应商中随机抽取 3 家以上供应商，并以投标邀请书的方式邀请其参加投标的采购方式。

竞争性谈判 ◐ 竞争性谈判是指谈判小组与符合资格条件的供应商就采购货物、工程和服务事宜进行谈判，供应商按照谈判文件的要求提交响应文件和最后报价，采购人从谈判小组提出的成交候选人中确定成交供应商的采购方式。

单一来源采购 ◐ 单一来源采购是指采购人从某一特定供应商处采购货物、工程和服务的采购方式。

询价 ◐ 询价是指询价小组向符合资格条件的供应商发出采购货物询价通知书，要求供应商一次报出不得更改的价格，采购人从询价小组提出的成交候选人中确定成交供应商的采购方式。

竞争性磋商 ➡ 竞争性磋商采购方式,是指采购人、政府采购代理机构通过组建竞争性磋商小组与符合条件的供应商就采购货物、工程和服务事宜进行磋商,供应商按照磋商文件的要求提交响应文件和报价,采购人从磋商小组评审后提出的候选供应商名单中确定成交供应商的采购方式。

实务应用

10. 不同采购方式怎样适用?

公开招标应作为政府采购的主要采购方式。采购人采购货物或者服务应当采用公开招标方式的,其具体数额标准,属于中央预算的政府采购项目,由国务院规定;属于地方预算的政府采购项目,由省、自治区、直辖市人民政府规定;因特殊情况需要采用公开招标以外的采购方式的,应当在采购活动开始前获得设区的市、自治州以上人民政府采购监督管理部门的批准。采购人不得将应当以公开招标方式采购的货物或者服务化整为零或者以其他任何方式规避公开招标采购。

符合下列情形之一的货物或者服务,可以依照《政府采购法》采用邀请招标方式采购:(1)具有特殊性,只能从有限范围的供应商处采购的;(2)采用公开招标方式的费用占政府采购项目总价值的比例过大的。

符合下列情形之一的货物或者服务,可以依照《政府采购法》采用竞争性谈判方式采购:(1)招标后没有供应商投标或者没有合格标的或者重新招标未能成立的;(2)技术复杂或者性质特殊,不能确定详细规格或者具体要求的;(3)采用招标所需时间不能满足用户紧急需要的;(4)不能事先计算出价格总额的。

符合下列情形之一的货物或者服务,可以依照《政府采购法》采用单一来源方式采购:(1)只能从唯一供应商处采购的;(2)发生了不可预见的紧急情况不能从其他供应商处采购的;(3)必须保证原有采购项目一致性或者服务配套的要求,需要继续从原供应商处添购,且添购资金总额不超过原合同采购金额10%的。

采购的货物规格、标准统一、现货货源充足且价格变化幅度小的政府采购项目，可以依照本法采用询价方式采购。

采购人、采购代理机构采购以下货物、工程和服务之一的，可以采用竞争性谈判、单一来源采购方式进行采购；采购货物的，还可以采用询价采购方式：（1）依法制定的集中采购目录以内，且未达到公开招标数额标准的货物、服务；（2）依法制定的集中采购目录以外、采购限额标准以上，且未达到公开招标数额标准的货物、服务；（3）达到公开招标数额标准、经批准采用非公开招标方式的货物、服务；（4）按照招标投标法及其实施条例必须进行招标的工程建设项目以外的政府采购工程。

符合下列情形的项目，可以采用竞争性磋商方式开展采购：（1）政府购买服务项目；（2）技术复杂或者性质特殊，不能确定详细规格或者具体要求的；（3）因艺术品采购、专利、专有技术或者服务的时间、数量事先不能确定等原因不能事先计算出价格总额的；（4）市场竞争不充分的科研项目，以及需要扶持的科技成果转化项目；（5）按照招标投标法及其实施条例必须进行招标的工程建设项目以外的工程建设项目。

第二十七条 【公开招标的数额标准】采购人采购货物或者服务应当采用公开招标方式的，其具体数额标准，属于中央预算的政府采购项目，由国务院规定；属于地方预算的政府采购项目，由省、自治区、直辖市人民政府规定；因特殊情况需要采用公开招标以外的采购方式的，应当在采购活动开始前获得设区的市、自治州以上人民政府采购监督管理部门的批准。

条文解读

本条规定了政府采购货物或者服务公开招标的具体数额标准。

政府采购货物和服务公开招标的具体数额标准，由中央、地方人民政府分别规定。该数额标准是界定是否采用公开招标方式的界限，是强制性的，凡是达到公开招标数额标准的货物和服务采购，都必须采取公开招标方式。公开招标数额标准适用于集中采购项目，也适用于集中采购以外限额标准以上的政府采购项目。

根据《国务院办公厅关于印发中央预算单位政府集中采购目录及标准（2020年版）的通知》的规定，政府采购货物或服务项目，单项采购金额达到200万元以上的，必须采用公开招标方式。政府采购工程以及与工程建设有关的货物、服务公开招标数额标准按照国务院有关规定执行。根据《地方预算单位政府集中采购目录及标准指引（2020年版）》的规定，政府采购货物或服务项目，公开招标数额标准不应低于200万元。

实务应用

11. 变更采购方式的具体程序要求是什么？

《政府采购法实施条例》第23条规定了变更采购方式的具体程序要求，即："采购人采购公开招标数额标准以上的货物或者服务，符合政府采购法第二十九条、第三十条、第三十一条、第三十二条规定情形或者有需要执行政府采购政策等特殊情况的，经设区的市级以上人民政府财政部门批准，可以依法采用公开招标以外的采购方式。"根据该规定，第一，达到公开招标数额标准以上，符合以上变更采购方式情形的，采购人可以结合采购项目自身的需求特点来决定申请变更采购方式。第二，关于申请变更采购方式应提供的材料，《政府采购非招标采购方式管理办法》第5条规定，根据本办法第四条申请采用非招标采购方式采购的，采购人应当向财政部门提交以下材料并对材料的真实性负责：（1）采购人名称、采购项目名称、项目概况等项目基本情况说明；（2）项目预算金额、预算批复文件或者资金来源证明；（3）拟申请采用的采购方式和理由。同时，《政府采购非招标采购方式管理办法》还在竞争性谈判、单一来源、询价采购方式的具体规定中细化了每一种采购方式的申请材料。申请采用竞争性磋商采购方式应提供的材料，《政府采购竞争性磋商采购方式管理暂行办法》亦有明确规定。

第二十八条 【禁止规避公开招标】 采购人不得将应当以公开招标方式采购的货物或者服务化整为零或者以其他任何方式规避公开招标采购。

条文解读

本条所谓化整为零，是指采购人把达到法定公开招标数额的政府采购项目分割为几个小项目，使每个项目的数额都低于法定的公开招标数额标准，以此来达到逃避公开招标采购方式的目的。根据《政府采购法实施条例》第28条规定，在一个财政年度内，采购人将一个预算项目下的同一品目或者类别的货物、服务采用公开招标以外的方式多次采购，累计资金数额超过公开招标数额标准的，属于以化整为零方式规避公开招标，但项目预算调整或者经批准采用公开招标以外方式采购除外。

第二十九条 【邀请招标】 符合下列情形之一的货物或者服务，可以依照本法采用邀请招标方式采购：

（一）具有特殊性，只能从有限范围的供应商处采购的；

（二）采用公开招标方式的费用占政府采购项目总价值的比例过大的。

条文解读

本条规定了邀请招标的适用情形。

邀请招标是招标的一种方式，具有以下特点：一是发布信息的方式为投标邀请书；二是采购人在一定范围内邀请供应商参加投标；三是竞争范围有限，采购人只要向3家以上供应商发出邀请标书即可；四是招标成本费用相对低一些；五是公开程度弱于公开招标。

邀请招标适用于以下两种情形：一是采购项目比较特殊，如保密项目和急需或者因高度专业性等因素使提供产品的潜在供应商数量较少，公开招标与不公开招标都不影响提供产品的供应商数量；二是若采用公开招标方式，则所需时间和费用与拟采购的项目总金额不成比例，即采购一些价值较低的货物或服务，可能会出现用公开招标方式的费用占政府采购项目总价值比例过大的情况，采购人通过邀请招标方式可以达到经济和效益的目的。

第三十条 【竞争性谈判】 符合下列情形之一的货物或者服务，可以依照本法采用竞争性谈判方式采购：

（一）招标后没有供应商投标或者没有合格标的或者重新招标未能成立的；

（二）技术复杂或者性质特殊，不能确定详细规格或者具体要求的；

（三）采用招标所需时间不能满足用户紧急需要的；

（四）不能事先计算出价格总额的。

条文解读

本条规定了竞争性谈判的适用情形。

《政府采购法实施条例》第 26 条进一步规定："政府采购法第三十条第三项规定的情形，应当是采购人不可预见的或者非因采购人拖延导致的；第四项规定的情形，是指因采购艺术品或者因专利、专有技术或者因服务的时间、数量事先不能确定等导致不能事先计算出价格总额。"结合起来理解：

第一种情形是指经公开招标或邀请招标后，没有供应商投标，或者有效投标供应商数量未达到法定的 3 家以上或虽达到了 3 家以上但其中合格者不足 3 家，以及重新招标未能成立的情形。

第二种情形是指由采购对象的技术含量和特殊性质所决定，采购人不能确定有关货物的详细规格，或者不能确定服务的具体要求的情形，如电子软件开发与设计。

第三种情形是指由于公开招标采购周期较长，当采购人出现不可预见的因素（正当情况），而且出现这种情况应当是采购人不可预见的或者非因采购人拖延导致的急需采购时，无法按公开招标方式规定程序得到所需货物和服务的情形。

第四种情形是指因采购艺术品或者因专利、专有技术或者因服务的时间、数量事先不能确定等导致不能事先计算出价格总额的情形。

当出现上述任何一种情形时，法律允许不再使用公开招标采购方式，可以依照《政府采购法》采用竞争性谈判方式来采购。另外，根据《政府采购法实施条例》第25条及《政府采购竞争性磋商采购方式管理暂行办法》第3条的规定，依法不进行招标的政府采购工程可以采用竞争性谈判、竞争性磋商或者单一来源采购方式采购。

关联参见

《政府采购法实施条例》第26条；《政府采购竞争性磋商采购方式管理暂行办法》第3条

第三十一条　【单一来源采购】 符合下列情形之一的货物或者服务，可以依照本法采用单一来源方式采购：

（一）只能从唯一供应商处采购的；

（二）发生了不可预见的紧急情况不能从其他供应商处采购的；

（三）必须保证原有采购项目一致性或者服务配套的要求，需要继续从原供应商处添购，且添购资金总额不超过原合同采购金额百分之十的。

条文解读

本条规定了单一来源采购方式的适用情形。

《政府采购法实施条例》第27条规定："政府采购法第三十一条第一项规定的情形，是指因货物或者服务使用不可替代的专利、专有技术，或者公共服务项目具有特殊要求，导致只能从某一特定供应商处采购。"第 38 条进一步规定："达到公开招标数额标准，符合政府采购法第三十一条第一项规定情形，只能从唯一供应商处采购的，采购人应当将采购项目信息和唯一供应商名称在省级以上人民政府财政部门指定的媒体上公示，公示期不得少于 5 个工作日。"结合起来理解：

第一种情形是指因货物或者服务使用不可替代的专利、专有技术，或者公共服务项目具有特殊要求，导致只能从某一特定供应商处采购的情形。

第二种情形是指发生不可预见的紧急情况（正常因素或非归因于采购人原因导致）不能或来不及从其他供应商处采购的情形。

第三种情形是指就采购合同而言，在原供应商替换或扩充货物或者服务的情况下，更换供应商会造成不兼容或不一致的困难，不能保证与原有采购项目一致性或者服务配套的要求，需要继续从原供应商处添购，且添购金额不超过原合同采购金额 10% 的情形。这里的添购是指在原有采购项目上增加，而不是新购置一种商品或服务。

关联参见

《政府采购法实施条例》第 27 条、第 38 条

第三十二条 【询价采购】采购的货物规格、标准统一、现货货源充足且价格变化幅度小的政府采购项目，可以依照本法采用询价方式采购。

条文解读

询价采购方式，就是我们通常所说的货比三家，这是一种相对简单而又快速的采购方式。询价就是采购人向有关供应商发出询价通知书让其报价，然后在报价的基础上进行比较并确定最优供应商的一种采购方式。与其他采购方式相比，询价采购方式有以下两个明显特征：一是邀

请报价的供应商数量应至少有3家；二是只允许供应商报出不得更改的报价。这种方法适用于采购现成的而并非按采购人要求的特定规格特别制造或提供的标准化货物，货源丰富且价格变化弹性不大的采购项目。

出现下列情形之一的，采购人或者采购代理机构应当终止询价采购活动，发布项目终止公告并说明原因，重新开展采购活动：（1）因情况变化，不再符合规定的询价采购方式适用情形的；（2）出现影响采购公正的违法、违规行为的；（3）在采购过程中符合竞争要求的供应商或者报价未超过采购预算的供应商不足3家的。

第四章　政府采购程序

第三十三条　【预算的编制与审批】 负有编制部门预算职责的部门在编制下一财政年度部门预算时，应当将该财政年度政府采购的项目及资金预算列出，报本级财政部门汇总。部门预算的审批，按预算管理权限和程序进行。

条文解读

本条规定了政府采购预算的编制与审批要求。

根据《预算法》的相关规定，预算由预算收入和预算支出组成。政府的全部收入和支出都应当纳入预算。中央一般公共预算包括中央各部门（含直属单位）的预算和中央对地方的税收返还、转移支付预算。地方各级一般公共预算包括本级各部门（含直属单位）的预算和税收返还、转移支付预算。经人民代表大会批准的预算，非经法定程序，不得调整。各级政府、各部门、各单位的支出必须以经批准的预算为依据，未列入预算的不得支出。具体到政府采购活动中，政府采购预算不是独立的预算体系，而是部门预算的一个组成部分。编制预算是政府采购程序的第一个环节，政府采购项目要在部门预算中详细列明，部门预算的审批按预算管理权限和程序进行，而不是单独建立政府采购预算审批程序。各级人大批准了部门预算，也就批准了其中的政府采购预算。政府采购项目预算是政府采购执行的依据，决定了采购的内容、标准和方式，也是政府采购监督时重要的评判标准。

根据《政府采购法实施条例》第 29 条的规定，采购人还应当根据集中采购目录、采购限额标准和已批复的部门预算编制政府采购实施计划，报本级人民政府财政部门备案。该条例没有对政府采购实施计划应包含的内容作出明确规定。一般来说，政府采购实施计划应包括采购项目的名称、具体构成、采购数量、技术规格、服务要求、使用时间、项目预算金额、采购组织形式和方式等内容，同时还应充分考虑如何落实政府采购政策功能。对于需要申请批准的内容，如拟采购进口产品、拟申请采用公开招标以外方式采购等内容，也应当在政府采购实施计划中标明。另外，《预算法》第 14 条第 3 款规定："各级政府、各部门、各单位应当将政府采购的情况及时向社会公开。"《政府采购法实施条例》第 30 条规定，采购人或者采购代理机构应当在招标文件、谈判文件、询价通知书中公开采购项目预算金额。

关联参见

《预算法》第 4—14 条；《政府采购法实施条例》第 29 条、第 30 条

第三十四条　【邀请招标时供应商的选择】 货物或者服务项目采取邀请招标方式采购的，采购人应当从符合相应资格条件的供应商中，通过随机方式选择三家以上的供应商，并向其发出投标邀请书。

条文解读

本条规定了政府采购货物或者服务项目邀请招标时邀请对象的选择。

《政府采购货物和服务招标投标管理办法》第 14 条明确规定了邀请参加投标供应商的方式和程序要求，即："采用邀请招标方式的，采购

人或者采购代理机构应当通过以下方式产生符合资格条件的供应商名单，并从中随机抽取3家以上供应商向其发出投标邀请书：（一）发布资格预审公告征集；（二）从省级以上人民政府财政部门（以下简称财政部门）建立的供应商库中选取；（三）采购人书面推荐。采用前款第一项方式产生符合资格条件供应商名单的，采购人或者采购代理机构应当按照资格预审文件载明的标准和方法，对潜在投标人进行资格预审。采用第一款第二项或者第三项方式产生符合资格条件供应商名单的，备选的符合资格条件供应商总数不得少于拟随机抽取供应商总数的两倍。随机抽取是指通过抽签等能够保证所有符合资格条件供应商机会均等的方式选定供应商。随机抽取供应商时，应当有不少于两名采购人工作人员在场监督，并形成书面记录，随采购文件一并存档。投标邀请书应当同时向所有受邀请的供应商发出。"另外，政府采购工程项目采取邀请招标采购方式的，其邀请对象的选择方法应执行《招标投标法》的规定。

关联参见

《政府采购货物和服务招标投标管理办法》第14条

第三十五条　【投标截止日期】 货物和服务项目实行招标方式采购的，自招标文件开始发出之日起至投标人提交投标文件截止之日止，不得少于二十日。

条文解读

等标期 ▶ 投标截止日期是指将招标文件发出之日至投标人提交投标文件截止之日的时间，国际上一般称为"等标期"。采购人应根据招标项目规模、复杂程度等因素规定合理的投标截止日期，以便投标人充分了解招标项目、编制投标文件。本条规定的20天的"等标期"为最短期限，不得压缩。

案例指引

12. 采购项目十分紧急，招标文件中规定的投标截止时间能否缩短？[①]

某年9月，采购人T医院委托Z招标公司代理其就某特殊医疗设备进行公开招标采购。由于该医疗设备为T医院急需使用的设备，因此，医院领导对采购工作高度重视，要求采购工作必须以最高的效率完成，保证能在预定时间将设备安装并投入临床使用。Z招标公司接受委托后，立即向T医院确认采购需求，并根据T医院提供的技术标准和对投标人的要求等内容编制完成招标文件，在T医院对招标文件进行确认后，于9月27日发布了招标公告并同时开始发售招标文件，招标文件发售截止日与投标截止日一致，均为10月10日。招标文件发售期内，先后有A、B、C、D四家公司购买了招标文件。

10月9日，Z招标公司接到D公司的质疑，质疑称：D公司由于国庆节前项目较多，没有来得及购买招标文件，在10月8日上班后立即到Z招标公司处购买了招标文件，但本项目投标截止时间过短，D公司不可能在一天内完成招标文件的编制，要求Z招标公司延长投标截止时间。Z招标公司受到质疑后，向T医院进行了反映，T医院认为本项目采购时间紧急，不同意延长投标截止时间。Z招标公司根据T医院的意见进行了质疑答复，答复称由于本项目采购时间紧急，不能延长投标截止时间；另外，D公司是由于自身原因没有在9月购买招标文件，造成其没有充分时间准备投标文件，过错在D公司，其不能投标，与Z招标公司无关。D公司对Z招标公司的质疑答复不满，向财政部门提出投诉。

本案的争议焦点是，招标文件中规定的投标截止时间是否合理。财

[①] 参见《案例二十：赶进度的采购项目》，载中国政府采购网，http://www.ccgp.gov.cn/aljd/201702/t20170213_7916073.htm，最后访问日期：2025年3月29日。

政部门受理投诉后，调取了本项目的招标公告和招标文件，调查发现，招标公告中载明，"招标文件发售期为9月27日13：00至10月10日9：00，法定假日休息，投标人请于每日上班时间（8：00—17：00）到Z招标公司处购买招标文件"；招标公告和招标文件中均规定，本项目的"投标截止时间为10月10日9：00"。

　　本案反映出在政府采购项目中采购人和采购代理机构容易忽视的问题，即自招标文件开始发出之日起至投标人提交投标文件截止之日止，不得少于20日。在实践中，确实有很多采购项目十分紧急，采购人对时间要求比较高，希望尽快完成采购活动，将采购的货物投入使用。但在这种情况下，如果单纯考虑效率问题，将投标截止时间设定得过短，就不能保证投标人有充分的时间准备投标，从而导致投标人的投标文件准备不充分或参与投标的供应商较少，降低了采购项目的竞争效果或投标质量，最终还是会对采购项目的采购效果造成影响。因此，在政府采购中，采购人和采购代理机构应当依法给投标人留出充分的投标准备时间，以保证投标人的数量和投标的质量。为了避免实践中不同采购人和采购代理机构对投标截止时间把握不一可能造成的问题，《政府采购法》第35条明确规定了"自招标文件开始发出之日起至投标人提交投标文件截止之日止，不得少于20日"。本案中，9月27日开始发售招标文件，至10月10日投标截止，一共仅有13天，远不符合法定的20天时间要求。采购人本以为通过缩短投标截止时间就能够加快采购进度，但是，项目却由于程序不合法而受到供应商的质疑和投诉，反而影响了采购进度，真是得不偿失。

　　综上，财政部门作出处理决定：本项目违反了《政府采购法》第35条的规定，本次采购行为违法，责令采购人重新开展采购活动。

关联参见

《政府采购法实施条例》第31条

第三十六条 【废标的适用情形】在招标采购中，出现下列情形之一的，应予废标：

（一）符合专业条件的供应商或者对招标文件作实质响应的供应商不足三家的；

（二）出现影响采购公正的违法、违规行为的；

（三）投标人的报价均超过了采购预算，采购人不能支付的；

（四）因重大变故，采购任务取消的。

废标后，采购人应当将废标理由通知所有投标人。

条文解读

本条规定了废标的适用情形。

废标 ➡ 废标，是指在招标采购活动中，由于投标供应商不足法律规定的数量，采购当事人有违法违规行为或其他影响招标采购结果公平公正的，采购活动因国家政策等不可抗拒的因素无法进行等情况，对于已进行的招标予以废除，已确定中标人的，中标无效。

废标因为涉及投标供应商的合法权益，因而在实践中应严格把握。第一，公开招标数额标准以上的采购项目，投标截止后投标人不足三家或者通过资格审查或符合性审查的投标人不足三家的（出现《政府采购法》第36条第1款第1项情形时），除采购任务取消情形外，按照以下方式处理：（1）招标文件存在不合理条款或者招标程序不符合规定的，采购人、采购代理机构改正后依法重新招标（废标后重新招标）；（2）招标文件没有不合理条款，招标程序符合规定，需要采用其他采购方式采购的，采购人应当依法报财政部门批准（经批准后可以变更采购方式）。第二，当出现《政府采购法》第36条第1款第2项至第4项规定的情形时，采购人应当自行决定废标。第三，废标后，采购人应当将废标理由通知所有投标人。实践中，往往是由采购代理机构将废标理由通知所有投标人。至于是否要发布废标公告，由于《政府采购信息发布管理办法》没有作强制性规定，因而采购代理机构不发布废标公告也不违反法律的规定。

案例指引

13. 招标文件含有倾向性或者排斥潜在投标人的内容的，应如何处理？[①]

某年10月，某学院委托甲招标公司，就该学院"修理厂设备购置政府采购项目"进行公开招标；10月22日，甲招标公司发布招标公告；11月12日开标、评标，同日，甲招标公司得到采购人的确认后，发布中标公告。

11月19日，投标人乙公司提出质疑称：招标文件第一章第5条第6款规定："投标人注册登记地不在丙市的，则在丙市应有工商注册登记的服务机构（提供服务机构证件复印件）和固定的专业维修人员（固定专业维修人员社保缴纳证明）。"此招标要求作为废标条款之一，具有明显的地域歧视和排挤其他地区投标方的嫌疑。当日，采购人和采购代理机构答复质疑称：本项目采购内容涉及维修的专业设备，在维修、维护、培训方面均需要提供长期、优质的本地化服务，以确保服务的专业性和及时性，且需要设备供应商提供及时的上门调试服务和提供备件，因此，投标人在本地有正式的售后服务机构的要求是合法合理的。投标人乙公司对此质疑答复不满，向财政部门提出投诉。

本案的争议焦点是，要求投标人在本地有正式的售后服务机构是合法合理的，还是不正当的歧视性、排他性的要求。因此，财政部门调取了招标采购过程中的相关资料。调查发现：招标文件第一章第5条的要求是合格投标人的资格要求之一，招标文件第二章第24.5条规定："如果投标实质上没有响应招标文件的要求，其投标将被拒绝，投标人不得通过修正或撤销不合要求的偏离或保留从而使其投标成为实质上响应的投标。如发现下列情况之一的，招标人有权拒绝其投标：……不具备招

[①] 参见《案例四：被歧视的"外地人"》，载中国政府采购网，http：//www.ccgp.gov.cn/aljd/201611/t20161121_ 7606024.htm，最后访问日期：2025年3月29日。

标文件中规定的资格要求的。"

本案反映了采购人和采购代理机构在对投标人的服务机构和维修人员进行要求时，应注意不得含有倾向性或者排斥潜在投标人的内容。

作为一个货物采购项目，同时涉及货物的培训使用及维修服务等问题。按照通常惯例，招标文件可以要求供应商对所售商品的本地化售后服务提出承诺，要求其在限定时间内提供培训维修服务以保证售后服务质量。但是，在本项目的招标公告和招标文件中规定"投标人注册登记地不在丙市的，则在丙市应有工商注册登记的服务机构"，这就导致了在招标之前没有在丙市工商局注册的供应商都不能参加此次招标。然而，经工商注册的办事机构，并非提供有效售后服务的必要条件，采购人和代理机构制定的招标文件中要求售后服务机构是在本地进行过工商注册登记的机构，实际上是属于以不合理的条件对供应商实行差别待遇或者歧视待遇。

《政府采购法》第22条第2款规定，采购人可以根据采购项目的特殊要求，规定供应商的特定条件，但不得以不合理的条件对供应商实行差别待遇或者歧视待遇。根据《政府采购法》第36条的规定，出现影响采购公正的违法、违规行为的，应予废标。《政府采购法》第71条规定："采购人、采购代理机构有下列情形之一的，责令限期改正，给予警告……（三）以不合理的条件对供应商实行差别待遇或者歧视待遇的……"综上，财政部门作出如下处理决定：本项目违反了《政府采购法》第22条、第36条、第71条的规定，决定该项目予以废标，责令采购人重新开展采购活动，责令采购人和采购代理机构进行整改并作出警告的行政处罚。

第三十七条 【废标后的处理】废标后，除采购任务取消情形外，应当重新组织招标；需要采取其他方式采购的，应当在采购活动开始前获得设区的市、自治州以上人民政府采购监督管理部门或者政府有关部门批准。

条文解读

本条规定了招标项目废标后的处理方法。

招标项目废标后,有以下三种处理方法:

第一,终止采购。《政府采购法》第36条第1款第4项规定废标的情形中,涉及采购任务取消的,为采购活动的终结,不得再开展。

第二,重新招标。采购人在废标后,除了采购任务取消,其他情形下,采购人应当根据废标的具体原因,处理违法违规行为、重新调整供应商的资格条件,或者调整采购需求,重新制定招标文件后,继续开展招标活动。

第三,经批准后采取其他采购方式。废标后再进行采购的,如果因招标方式不适宜确实需要采取招标以外的其他采购方式的,应当事先获得地级以上人民政府财政部门或者政府有关部门的批准。本法此条所称的政府有关部门是指国务院文件规定的对招标活动负有监督职责的部门。

第三十八条 【竞争性谈判的组织方式和采购程序】 采用竞争性谈判方式采购的,应当遵循下列程序:

(一)成立谈判小组。谈判小组由采购人的代表和有关专家共三人以上的单数组成,其中专家的人数不得少于成员总数的三分之二。

(二)制定谈判文件。谈判文件应当明确谈判程序、谈判内容、合同草案的条款以及评定成交的标准等事项。

(三)确定邀请参加谈判的供应商名单。谈判小组从符合相应资格条件的供应商名单中确定不少于三家的供应商参加谈判,并向其提供谈判文件。

(四)谈判。谈判小组所有成员集中与单一供应商分别进行谈判。在谈判中,谈判的任何一方不得透露与谈判有关的其他供应商的技术资料、价格和其他信息。谈判文件有实质性变动的，谈判小组应当以书面形式通知所有参加谈判的供应商。

（五）确定成交供应商。谈判结束后，谈判小组应当要求所有参加谈判的供应商在规定时间内进行最后报价，采购人从谈判小组提出的成交候选人中根据符合采购需求、质量和服务相等且报价最低的原则确定成交供应商，并将结果通知所有参加谈判的未成交的供应商。

条文解读

本条规定了竞争性谈判的组织方式和采购程序。

第一，成立谈判小组。

竞争性谈判小组由采购人代表和评审专家共3人以上单数组成，其中评审专家人数不得少于竞争性谈判小组成员总数的2/3。采购人不得以评审专家身份参加本部门或本单位采购项目的评审。采购代理机构人员不得参加本机构代理的采购项目的评审。

达到公开招标数额标准的货物或者服务采购项目，或者达到招标规模标准的政府采购工程，竞争性谈判小组或者询价小组应当由5人以上单数组成。

第二，制定谈判文件。

谈判文件应当根据采购项目的特点和采购人的实际需求制定，并经采购人书面同意。采购人应当以满足实际需求为原则，不得擅自提高经费预算和资产配置等采购标准。谈判文件不得要求或者标明供应商名称或者特定货物的品牌，也不得含有指向特定供应商的技术、服务等条件。谈判文件应当包括供应商资格条件、采购邀请、采购方式、采购预算、采购需求、采购程序、价格构成或者报价要求、响应文件编制要求、提交响应文件截止时间及地点、保证金交纳数额和形式、评定成交的标准等，还应当明确谈判小组根据与供应商的谈判情况可能实质性变动的内容，包括采购需求中的技术、服务要求以及合同草案条款。

第三，确定邀请参加谈判的供应商名单。

确定邀请参加谈判供应商的方法有：采购人、采购代理机构应当通过发布公告、从省级以上财政部门建立的供应商库中随机抽取或者采购人和评审专家分别以书面推荐的方式邀请不少于3家符合相应资格条件的供应商参与竞争性谈判采购活动。符合《政府采购法》第22条第1款规定条件的供应商可以在采购活动开始前加入供应商库。财政部门不得对供应商申请入库收取任何费用，也不得利用供应商库进行地区和行业封锁。采取采购人和评审专家书面推荐方式选择供应商的，采购人和评审专家应当各自出具书面推荐意见。采购人推荐供应商的比例不得高于推荐供应商总数的50%。

第四，进行谈判。

谈判小组所有成员应当集中与单一供应商分别进行谈判，并给予所有参加谈判的供应商平等的谈判机会。在谈判中，谈判的任何一方不得透露与谈判有关的其他供应商的技术资料、价格和其他信息。

在谈判过程中，谈判小组可以根据谈判文件和谈判情况实质性变动采购需求中的技术、服务要求以及合同草案条款，但不得变动谈判文件中的其他内容。实质性变动的内容，须经采购人代表确认。

第五，确定成交供应商。

谈判结束后，谈判小组应当要求所有参加谈判的供应商在规定的时间内进行最后报价。提交最后报价的供应商不得少于3家，但公开招标的货物、服务采购项目出现实质性响应招标文件要求的供应商只有两家而批准变更为竞争性谈判方式的，最后报价的供应商可以是2家。

谈判小组应当从质量和服务均能满足采购文件实质性响应要求的供应商中，按照最后报价由低到高的顺序提出3名以上成交候选人，并编写评审报告。评审报告应当由谈判小组全体人员签字认可。谈判小组成员对评审报告有异议的，按照少数服从多数的原则推荐成交候选人，采购程序继续进行。对评审报告有异议的谈判小组成员，应当在报告上签署不同意见并说明理由，由谈判小组书面记录相关情况。谈判小组成员拒绝在报告上签字又不书面说明其不同意见和理由的,视为同意评审报告。

采购代理机构应当在评审结束后2个工作日内将评审报告送采购人确认。采购人应当在收到评审报告后5个工作日内,从评审报告提出的成交候选人中,根据质量和服务均能满足采购文件实质性响应要求且最后报价最低的原则确定成交供应商,也可以书面授权谈判小组直接确定成交供应商。采购人逾期未确定成交供应商且不提出异议的,视为确定评审报告提出的最后报价最低的供应商为成交供应商。

案例指引

14. 在质疑答复阶段"废标"是否合法?[①]

某年6月,某大学为了保证新生军训的需求,委托甲招标公司就该大学"运动场人造草坪采购项目"采用竞争性谈判方式开展采购活动。本项目共邀请了4家供应商参与谈判。谈判小组由甲招标公司在专家库中抽取的4位评审专家和采购人的1位代表组成。经评审,专家认定4家供应商的产品均符合竞争性谈判文件的要求,但乙公司的产品更优,因此,一致推荐乙公司为成交供应商。

成交公告发布后,排名第二的供应商丙公司提出质疑称:乙公司不具备谈判文件要求的国际足联认证合格的场地业绩及认证证书等条件,申请撤销其成交资格。甲招标公司收到质疑后,组织谈判小组进行了复审,谈判小组认为,乙公司缺少国际足联认证的场地业绩和认证证书,丙公司所投产品的基布不符合竞争性谈判文件的要求,其他两家供应商所投产品也不满足要求,并据此终止项目。甲招标公司得到采购人确认后,发布项目终止公告。丙公司认为甲招标公司在质疑答复阶段废标,违反了谈判文件中"如果排名第一的供应商没有通过审查,则拒绝其投

---

① 参见《案例十三:说变就变的谈判》,载中国政府采购网,http://www.ccgp.gov.cn/aljd/201702/t20170213_7915971.htm,最后访问日期:2025年3月29日。

标。在此情况下，买方将对排名第二的供应商能力做类似审查"的规定，因此，向财政部门提出投诉。

本案的争议焦点是，甲招标公司在质疑答复阶段"废标"是否合法。财政部门在调取了谈判过程中的文件后了解到：本项目谈判文件"投标人合格条件"规定，"人造草坪的生产厂家必须具有国际足联认证合格的场地业绩及认证证书，并在国际足联网站上可以查询到"。在乙公司的响应文件中表明，乙公司是生产厂家，但在其响应文件中并没有提供自身的国际足联认证合格的场地业绩及认证证书，在国际足联的网站上也查询不到相关的信息。谈判报告显示，在第一次的谈判最终结果中，谈判小组认定所有供应商均为有效投标；而复审时，谈判小组认定乙公司缺少国际足联认证的场地业绩和认证证书，丙公司所投产品的基布不符合竞争性谈判文件的要求，其他两家供应商所投产品也不满足要求，所有供应商均未实质性响应采购文件，因此决定终止项目。

本案反映了谈判小组没有按照谈判文件中的评审标准进行评审的问题。谈判小组应该严格按照法律法规和采购文件中的评审标准进行评审，应该熟悉和理解采购文件中的采购内容、资质要求、评审办法等，应该认真阅读所有供应商的响应文件，对所有响应文件逐一进行资格性、符合性检查，并且按照采购文件规定的评审方法和标准进行评审。本案中，谈判小组在第一次的评审结果中，认定所有供应商均为有效投标；而复审时，谈判小组认定所有供应商均未实质性响应采购文件。说明本项目在评审和复审时谈判小组采取了不同的评审标准，导致了本项目的评审结果前后矛盾。

根据《政府采购法》第38条的规定，谈判小组应当从符合相应资格条件的供应商名单中确定不少于3家的供应商参加谈判。《政府采购非招标采购方式管理办法》第55条第1款规定："谈判小组、询价小组成员有下列行为之一的，责令改正，给予警告……（六）未按照采购文件规定的评定成交的标准进行评审的。"本项目评审过程中，谈判小组允许不符合资格条件的供应商乙公司参加谈判，也没有在评审时按照采购文件的要求审查乙公司的谈判文件，违反了上述规定。综上，财政部门作出如下处理决定：本项目违反了《政府采购法》第38条和《政府采购非招标采购方式管理办法》第55条的规定，存在影响公正的违法情形，影响成交结果，责令采购人重新开展采购活动。

关联参见

《政府采购法实施条例》第37条、第40条、第41条

第三十九条 【单一来源采购程序】 采取单一来源方式采购的，采购人与供应商应当遵循本法规定的原则，在保证采购项目质量和双方商定合理价格的基础上进行采购。

条文解读

本条规定了单一来源采购方式的采购程序。

《政府采购法实施条例》第38条进一步规定："达到公开招标数额标准，符合政府采购法第三十一条第一项规定情形，只能从唯一供应商处采购的，采购人应当将采购项目信息和唯一供应商名称在省级以上人民政府财政部门指定的媒体上公示，公示期不得少于5个工作日。"公示内容应当包括：（1）采购人、采购项目名称和内容；（2）拟采购的货物或者服务的说明；（3）采用单一来源采购方式的原因及相关说明；（4）拟定的唯一供应商名称、地址；（5）专业人员对相关供应商因专利、专有技术等原因具有唯一性的具体论证意见，以及专业人员的姓名、工作单位和职称；（6）公示的期限；（7）采购人、采购代理机构、财政部门的联系地址、联系人和联系电话。

出现下列情形之一的，采购人或者采购代理机构应当终止采购活动，发布项目终止公告并说明原因，重新开展采购活动：（1）因情况变化，不再符合规定的单一来源采购方式适用情形的；（2）出现影响采购公正的违法、违规行为的；（3）报价超过采购预算的。

第四十条　【询价的采购程序】采取询价方式采购的，应当遵循下列程序：

（一）成立询价小组。询价小组由采购人的代表和有关专家共三人以上的单数组成，其中专家的人数不得少于成员总数的三分之二。询价小组应当对采购项目的价格构成和评定成交的标准等事项作出规定。

（二）确定被询价的供应商名单。询价小组根据采购需求，从符合相应资格条件的供应商名单中确定不少于三家的供应商，并向其发出询价通知书让其报价。

（三）询价。询价小组要求被询价的供应商一次报出不得更改的价格。

（四）确定成交供应商。采购人根据符合采购需求、质量和服务相等且报价最低的原则确定成交供应商，并将结果通知所有被询价的未成交的供应商。

条文解读

本条规定了询价采购方式的采购程序。

第一，成立询价小组。

询价小组由采购人代表和评审专家共 3 人以上单数组成，其中评审专家人数不得少于询价小组成员总数的 2/3。采购人不得以评审专家身份参加本部门或本单位采购项目的评审。采购代理机构人员不得参加本机构代理的采购项目的评审。

达到公开招标数额标准的货物或者服务采购项目，或者达到招标规模标准的政府采购工程，询价小组应当由 5 人以上单数组成。

第二，确定被询价的供应商名单。

确定邀请参与询价的供应商的方法有：采购人、采购代理机构应当通过发布公告、从省级以上财政部门建立的供应商库中随机抽取或者采购人和评审专家分别以书面推荐的方式邀请不少于 3 家符合相应资格条件的供应商参与询价采购活动。符合《政府采购法》第 22 条第 1 款规定条件的供应商可以在采购活动开始前加入供应商库。财政部门不得对供应商申请入库收取任何费用，不得利用供应商库进行地区和行业封锁。采取采购人和评审专家书面推荐方式选择供应商的，采购人和评审专家应当各自出具书面推荐意见。采购人推荐供应商的比例不得高于推荐供应商总数的 50%。

第三，询价。

询价小组根据采购需求，从符合相应资格条件的供应商名单中确定不少于 3 家的供应商，并向其发出询价通知书让其报价。从询价通知书发出之日起至供应商提交响应文件截止之日止不得少于 3 个工作日。

提交响应文件截止之日前，采购人、采购代理机构或者询价小组可以对已发出的询价通知书进行必要的澄清或者修改，澄清或者修改的内容作为询价通知书的组成部分。澄清或者修改的内容可能影响响应文件编制的，采购人、采购代理机构或者询价小组应当在提交响应文件截止之日 3 个工作日前，以书面形式通知所有接收询价通知书的供应商，不足 3 个工作日的，应当顺延提交响应文件截止之日。

第四，确定成交供应商。

询价小组应当从质量和服务均能满足采购文件实质性响应要求的供应商中，按照报价由低到高的顺序提出 3 名以上成交候选人，并编写评审报告。

采购代理机构应当在评审结束后 2 个工作日内将评审报告送采购人确认。采购人应当在收到评审报告后 5 个工作日内，从评审报告提出的成交候选人中，根据质量和服务均能满足采购文件实质性响应要求且报价最低的原则确定成交供应商，也可以书面授权询价小组直接确定成交供应商。采购人逾期未确定成交供应商且不提出异议的，视为确定评审报告提出的最后报价最低的供应商为成交供应商。

第四十一条 【履约验收】采购人或者其委托的采购代理机构应当组织对供应商履约的验收。大型或者复杂的政府采购项目,应当邀请国家认可的质量检测机构参加验收工作。验收方成员应当在验收书上签字,并承担相应的法律责任。

条文解读

本条规定了政府采购项目履约验收制度。

履约验收是对供应商履行合同情况的检查和审核,可以检验供应商的履约能力和信誉,保证采购质量。《政府采购法实施条例》第45条规定,采购人或者采购代理机构应当按照政府采购合同规定的技术、服务、安全标准组织对供应商履约情况进行验收,并出具验收书。验收书应当包括每一项技术、服务、安全标准的履约情况。政府向社会公众提供的公共服务项目,验收时应当邀请服务对象参与并出具意见,验收结果应当向社会公告。

为了更好地进行验收,《政府采购货物和服务招标投标管理办法》有关验收的规定主要体现在以下几个方面:(1)要求采购人在提出的采购需求中应当有采购标的的验收标准。(2)招标文件中也应有验收的要求。(3)采购人要求投标人提供样品的,对于中标人提供的样品,应当按照招标文件的规定进行保管、封存,并作为履约验收的参考。(4)政府采购合同应当包括验收要求。(5)采购人或者委托采购代理机构进行验收,验收时可以邀请参加本项目的其他投标人或者第三方机构参与,政府向社会公众提供的公共服务项目,验收时应当邀请服务对象参与。(6)应当按照政府采购合同规定的技术、服务、安全标准组织对供应商履约情况进行验收,并出具验收书。验收书应当包括每一项技术、服务、安全标准的履约情况。政府向社会公众提供的公共服务项目,服务对象应出具意见。(7)验收材料应存档。政府向社会公众提供的公共服务项目验收结果应当向社会公告。

第四十二条 【采购文件的保存】 采购人、采购代理机构对政府采购项目每项采购活动的采购文件应当妥善保存,不得伪造、变造、隐匿或者销毁。采购文件的保存期限为从采购结束之日起至少保存十五年。

采购文件包括采购活动记录、采购预算、招标文件、投标文件、评标标准、评估报告、定标文件、合同文本、验收证明、质疑答复、投诉处理决定及其他有关文件、资料。

采购活动记录至少应当包括下列内容:

(一)采购项目类别、名称;

(二)采购项目预算、资金构成和合同价格;

(三)采购方式,采用公开招标以外的采购方式的,应当载明原因;

(四)邀请和选择供应商的条件及原因;

(五)评标标准及确定中标人的原因;

(六)废标的原因;

(七)采用招标以外采购方式的相应记载。

条文解读

本条规定了采购文件的保存要求及采购文件的构成。

采购文件是反映采购活动过程及各项决策的记录。保存采购文件的主体是指采购人和采购代理机构(包括集中采购机构和社会中介机构)。在采购过程中,应当形成采购文件却因客观原因没有形成的,应当如实记录。保存采购文件的期限至少为15年,规模大、价值高、性能复杂的采购项目,采购文件保存的时间应当更长一些。

实务应用

12. 什么是采购活动记录?

采购活动记录是指采购人或者采购代理机构在采购活动结束后撰写

的采购活动情况报告。采购人和采购代理机构应当安排或指定专人负责采购文件的收集和保存，保证采购文件的完整性、安全性和保密性。根据《政府采购法实施条例》第46条的规定，采购文件可以用电子档案方式保存。

案例指引

15. 证据，你去哪里啦?[①]

某年11月，Z省政府采购中心接受采购人某机关的委托，就该机关"批量采购信息设备项目"组织公开招标工作。11月20日，Z省采购中心得到采购人对招标文件的确认后，在中国政府采购网上发布了招标公告。12月11日投标截止，共有3家投标人按时递交了投标文件，随后，Z省政府采购中心组织了开标，采购人和投标人代表参与了开标仪式。开标仪式结束后，Z省采购中心组织了评标工作，评标工作由2名采购人代表和5名随机抽取的专家组成的评标委员会共同完成，经过评审，评标委员会向采购人推荐B公司为中标候选人。

次年1月18日，财政部门收到Z省政府采购中心的举报，称评标委员会组长杨某在此次评标中不按相关法规及规定进行评审，带有明显的倾向性、排他性，未能履行专家义务。主要举报事项包括：（1）在"预装正版"的问题上，杨某不按照相关法规和招标文件规定评审。举报反映，招标文件并没有要求投标人将"预装正版"技术规范要求进行复述，只要正常填写技术规格、在备注中注明偏离情况即可，而在评标过程中，在Z省政府采购中心经办人员已告知投标函已承诺具备"法律、行政法规规定的其他条件"和《信息产业部[②]、国家版权局、商务部关于计算机预装正版操作系统软件有关问题的通知》中有关"在我国境内生产的计算机，出厂时应当预装正版操作系统软件的规定"时，

[①] 参见《案例十二：证据，你去哪里啦?》，载中国政府采购网，http://www.ccgp.gov.cn/aljd/201702/t20170213_7915962.htm，最后访问日期：2025年3月29日。

[②] 机构已变更。

杨某仍坚持有投标人在所投台式机各包技术偏离表应答中并没有标明"预装正版",应做负偏离处理。(2)"独立显卡"问题上,杨某技术认知出现明显偏差,同其他专家意见有较大差异,并发表不当言论。举报反映,招标文件并没有要求将"独立显卡"技术规范要求进行复述,而杨某提出有投标人对所投台式机各包技术偏离表应答中独立显卡没有标明"独立显卡",只标明"1G",属负偏离,予以扣分,就此评审专家发生了技术争论,杨某就此发表了不当言论。(3)"环境标志"产品认定上,杨某强行增加评分细则条款,曲解修改评分细则。招标文件规定"投标产品进入最新一期正式公布的环境标志产品政府采购清单者得2分",评标过程中,杨某提出有投标人对所投台式机提供了环保清单但未注明第×期,属负偏离。举报认为杨某的理解曲解了评分细则。(4)对投标人资质过期的问题视而不见。举报认为,杨某作为评审专家组长,在初审、正式评审和复核过程中,在投标人资质过期的情况下,仍判定投标人资质合格。

　　本案的争议焦点是,评审组长杨某在评审过程中,是否存在违法违规的行为。因此,财政部门调取了本项目的相关资料。经财政部门调查,从该项目评标打分记录来看,无法认定杨某在"预装正版""独立显卡""环境标志产品"等问题的评审上存在问题,也无法认定杨某在投标人资质评审过程中存在明显的排他性、倾向性。财政部门两次要求Z省政府采购中心提供招投标现场录音录像资料以核实相关情况,Z省政府采购中心均未能提供。财政部门认为由于关键证据缺失,仅凭现有证据无法认定举报人所举报的事项。

　　本案虽然是一个涉及评标专家评审公正性的举报案件,但它的处理方式却反映了政府采购活动中,存档文件的重要性。政府采购由于涉及方方面面的利益,因此,其整个采购过程都应当遵守相关法律法规的规定,对招投标过程中档案的收集、保存和管理也不能忽视,任何环节档案的缺失,对于政府采购争议的处理都会带来重大的影响。

　　《政府采购法》第42条规定,采购文件的保存期限为从采购结束之日起至少保存15年。《财政部关于进一步规范政府采购评审工作有关问题的通知》第二部分规定:"省级以上政府集中采购机构和政府采购甲级代理机构,应当对评审工作现场进行全过程录音录像,录音录像资料作为采购项目文件随其他文件一并存档。"可见,录音录像资料属于政府采购活动的基础档案,应当按规定进行保存。

本案中,关键证据即采购过程中的录音录像资料的缺失,导致了财政部门无法认定举报事项的真实性,造成对举报事项无法进行查处。综上,财政部门作出如下处理决定:Z省政府采购中心的举报缺乏事实依据,不予受理。

关联参见

《政府采购法实施条例》第46条

第五章 政府采购合同

第四十三条 【政府采购合同的法律适用】政府采购合同适用合同法。采购人和供应商之间的权利和义务,应当按照平等、自愿的原则以合同方式约定。

采购人可以委托采购代理机构代表其与供应商签订政府采购合同。由采购代理机构以采购人名义签订合同的,应当提交采购人的授权委托书,作为合同附件。

条文解读

本条规定了政府采购合同的法律适用。

政府采购本身是一种市场交易行为,因此政府采购合同是民事合同,应当适用《民法典》关于合同的规定。但是,由于政府采购资金属于财政性资金,采购的目的是公共事务,政府采购还具有维护公共利益、加强财政支出管理、防止腐败等功能,因此,政府采购合同又不完全等同于一般的民事合同。据此,本法对政府采购合同订立、效力、变更、终止等有关特殊问题作出了必要的规定。采购人可以依法委托集中采购机构和其他采购代理机构代表其与供应商签订政府采购合同，但采购代理机构必须以采购人的名义签订合同，并且应当出具授权委托书，作为合同附件。

第四十四条　【政府采购合同的形式】 政府采购合同应当采用书面形式。

条文解读

本条规定了政府采购合同的形式。

政府采购活动具有很强的公共性质，政府采购合同不完全等同于一般的民事合同，具有一定的特殊性，不宜采用口头形式和其他形式。因此，本法对政府采购合同的形式作出特别限定，要求采用书面形式。书面形式是合同书、信件、电报、电传、传真等可以有形地表现所载内容的形式。以电子数据交换、电子邮件等方式能够有形地表现所载内容，并可以随时调取查用的数据电文，视为书面形式。

第四十五条　【政府采购合同的必备条款】 国务院政府采购监督管理部门应当会同国务院有关部门，规定政府采购合同必须具备的条款。

条文解读

本条规定了财政部门应当规定政府采购合同的必备条款。

《政府采购法实施条例》第47条进一步规定："国务院财政部门应当会同国务院有关部门制定政府采购合同标准文本。"因此，签订政府采购合同应当采用政府部门出台的标准文本，体现必须具备的条款。

关联参见

《政府采购法实施条例》第47条

第四十六条 【中标、成交通知书的法律效力】采购人与中标、成交供应商应当在中标、成交通知书发出之日起三十日内,按照采购文件确定的事项签订政府采购合同。

中标、成交通知书对采购人和中标、成交供应商均具有法律效力。中标、成交通知书发出后,采购人改变中标、成交结果的,或者中标、成交供应商放弃中标、成交项目的,应当依法承担法律责任。

条文解读

政府采购合同的签订既可以是采购人自行与中标、成交供应商签订,也可以是采购人委托采购代理机构代其签订政府采购合同。在采购人委托采购代理机构签订政府采购合同时,采购人应向采购代理机构出具授权委托书作为合同的附件,采购代理机构也应遵守法定的签订合同的期限。

采购人与中标、成交供应商应当按照采购文件确定的事项签订政府采购合同。采购文件确定的事项,通常包括采购文件确定的采购标的、规格型号、采购金额、采购数量、质量标准等。采购人与中标、成交供应商不得另行订立与采购文件无关的合同。

中标、成交通知书对采购人和中标、成交供应商均具有法律效力。在招标方式中,中标人的投标文件为要约,中标通知书则为采购人的承诺。在采购人发出中标通知书后,采购人及中标人均应受到约束,应当在法定期间内订立书面政府采购合同。在非招标方式中,谈判、询价、单一来源均有要约、新要约的过程,而成交通知书为承诺。如果中标、成交通知书发出后,采购人改变中标、成交结果的,或者中标、成交供应商放弃中标、成交项目的,应当依法承担法律责任即缔约过失责任。有过错的一方应向无过错的一方赔偿经济损失。

中标、成交供应商拒绝与采购人签订合同的,除应承担缔约过失责任外,其投标保证金将不予退还,该投标保证金将上缴同级国库,采购人可以按照评审报告提出的中标、成交候选人名单排序确定下一候选人为中标、成交供应商。

案例指引

16. 拒签政府采购合同是否应承担缔约过失责任？[①]

某招标公司受采购人某区卫生局的委托，就其彩超采购项目进行公开招标。经评标，科技公司等3家公司被推荐为第一、第二、第三中标候选人，第二中标候选人对第一中标候选人科技公司标书中的技术参数部分提出书面质疑，某区卫生局要求科技公司对此给予答复，并向招标公司发函，载明"采购单位在没有正式确定中标供应商的情况下，任何单位或个人不得擅自发出中标通知书"。科技公司书面回复某区卫生局，称其无违反政府采购法律法规的行为。

2012年12月31日，招标公司向科技公司发出中标通知书，之后科技公司与某医用技术公司签订了医疗设备采购合同，合同金额为138万元，并支付定金50万元。后，因某区卫生局未与科技公司签订彩超采购合同，科技公司因而未能履行医疗设备采购合同，其所交定金50万元医用技术公司亦不予退回。

2013年1月24日，科技公司向某区卫生局发函要求其依据中标通知书按时签订合同，某区卫生局不同意签订合同。2014年10月23日，科技公司（乙方）与医用技术公司（甲方）就医疗设备采购合同因科技公司原因无法履行一事达成赔偿协议，约定："一、甲方同意先将乙方支付的50万元定金退还给乙方；二、乙方同意无论与某区卫生局的官司结果如何，都愿意按合同标的额的20%赔偿给甲方276000元。"后，科技公司起诉，要求判令某区卫生局承担缔约过失责任，赔偿经济损失1086128元。

[①] 参见张志军主编：《政府采购全流程百案精析》，中国法制出版社2019年版，第212—215页。

法院认为，（1）合同是否成立的问题。依据本案所涉招标文件中"中标方按中标通知书指定的时间、地点与采购人签订合同"、《政府采购法》第43条第1款"政府采购合同适用合同法。采购人和供应商之间的权利和义务，应当按照平等、自愿的原则以合同方式约定"和第44条"政府采购合同应当采用书面形式"、原《合同法》第32条[①]"当事人采用合同书形式订立合同的，自双方当事人签字或者盖章时合同成立"的规定，采购人与中标单位应签订书面合同，科技公司与某区卫生局并未签订书面合同，因此，某区卫生局认为采购合同未成立，本案案由应定为缔约过失责任纠纷的答辩理由成立。（2）某区卫生局是否应承担缔约过失责任的问题。本案招标文件列明"中标通知：评标结束后并确定中标后，招标代理机构将以书面形式发出中标通知书。中标通知书一经发出，即发生法律效力"，某区卫生局与招标公司签订的《采购委托代理协议》也列明"招标公司负责向中标单位发中标通知书，通知中标方与某区卫生局签订合同"，据此，招标公司作为采购代理机构，有权以书面形式发出中标通知书。至于招标公司是否超越委托代理权限擅自确定中标人，属于招标公司与某区卫生局之间的委托代理关系产生的法律问题，该委托代理权限纠纷在本案中不宜作出处理，某区卫生局可另行主张权利。

依据《政府采购法》第46条第2款"中标、成交通知书对采购人和中标、成交供应商均具有法律效力。中标、成交通知书发出后，采购人改变中标、成交结果的，或者中标、成交供应商放弃中标、成交项目的，应当依法承担法律责任"的规定，科技公司接到中标通知书后，有理由相信其已成为中标人，且其并不知道招标公司是自行发出的中标通知书，基于中标通知书确定其为中标人而产生的信赖利益，其为履行招标项目签订合同，并没有违背诚实信用原则。

采购人应依法及时确定中标人，并将中标结果告知第一中标候选人

[①] 现为《民法典》第491条。

科技公司。在招标项目没有依法废标的前提下，采购人某区卫生局没有依法按时确定中标人，并将中标结果告知第一中标候选人科技公司，违反了依照原《合同法》第42条①"当事人在订立合同过程中有下列情形之一，给对方造成损失的，应当承担损害赔偿责任：……（三）有其他违背诚实信用原则的行为"规定的该种情形，某区卫生局应承担缔约过失责任，赔偿科技公司为履行合同所受到的合理的信赖利益损失，包括科技公司50万元定金的利息损失（按同期银行贷款利息计算）50493元、科技公司为参与此次招投标采购活动支付的标书购买费用和差旅费三项费用共计65863元。对于医用技术公司与科技公司签订的赔偿协议，科技公司尚未实际履行赔偿协议约定的276000元赔偿额，在本案中不宜认定为科技公司的实际损失。

综上，法院判决某区卫生局赔偿科技公司经济损失65863元。

缔约过失责任是指合同订立过程中，一方因未履行依据诚实信用原则所产生的附随义务，而致另一方的信赖利益损失时应承担的损害赔偿责任。缔约过失责任采用过错责任原则，以给当事人造成的实际损失为限。缔约过失责任的构成要件有四个：当事人为了订立合同而接触或磋商；一方因过错违反协助、照顾、保护、忠实、通知、保密等先合同义务；给对方造成合理的信赖利益的损失，信赖利益的损失包括缔约费用及利息、为准备履行合同所支出的合理费用及利息、丧失与第三人订立合同的机会所遭受的损失等；违反先合同义务的行为与合理的信赖利益损失具有因果关系。在本案中，中标通知书已发出，双方均有义务按中标通知书签约，且中标人基于该信赖而为履行合同签订了必要的合同，为此受到损失。但招标人拒绝签约履约，且无合法理由，即应依据《政府采购法》第46条、原《合同法》第42条的规定承担缔约过失责任。

---

① 现为《民法典》第500条。

17. 采购人未按照法律规定签订采购合同，应如何处理？[①]

某年2月20日，甲采购人委托乙招标公司，就该单位"PC服务器采购项目"进行公开招标。2月22日，乙招标公司在中国政府采购网发布招标公告并发售招标文件。标书发售期间，共有7家供应商购买了招标文件。3月20日投标截止，4家供应商按时提交了投标文件。开标仪式结束后，乙招标公司组织了评标工作，由1名采购人代表和4名随机抽取的专家组成的评审委员会共同完成了评标，按次序推荐丙公司为第一中标候选人。3月21日，乙招标公司向甲采购人发送了评审报告。4月11日，乙招标公司发布中标人为第二中标候选人丁公司的中标公告，并向丁公司发送了中标通知书。4月14日，甲采购人与丁公司签订采购合同。

4月17日，投标人丙公司向财政部门来函反映，称：甲采购人未经评审委员会评审直接决定其他候选人为中标人的行为违法。甲采购人答复称：丙公司投标文件中的业绩部分存在造假，涉嫌提供虚假材料谋取中标，由于乙招标公司未按要求组织复审，本项目又急需采购PC服务器，甲采购人只能自行确认第二中标候选人丁公司为中标供应商。

本案的争议焦点是，在甲采购人认为第一中标候选人丙公司投标业绩涉嫌造假的情形下，是否可以不按照评审委员会推荐的中标候选人顺序确定中标人并与其签订采购合同。因此，财政部门调取了本项目的招标文件、投标文件、评标报告及评标录像等资料。调查发现：3月21日，乙招标公司向甲采购人发送了评审报告，按次序推荐丙公司为第一中标候选人。随后，甲采购人对丙公司进行了公开调查，认为其投标业绩造假，于4月7日要求乙招标公司进行复审。由于乙招标公司未组织复审，甲采购人于4月10日以其有权确定中标人为由，自行确认第二中标候选人丁公司为中标供应商。4月11日，乙招标公司按照甲采购人

[①] 参见《案例二十二："任性"的采购人》，载中国政府采购网，http://www.ccgp.gov.cn/aljd/201704/t20170428_8173928.htm，最后访问日期：2025年3月29日。

的要求,发布中标人为丁公司的中标公告,并向丁公司发送了中标通知书。4月14日,甲采购人与丁公司签订采购合同。

关于甲采购人认为丙公司业绩造假的问题。经审查,丙公司提供的业绩材料符合招标文件要求,不存在提供虚假材料谋取中标的情形。

本案反映了政府采购活动中出现的几个相关问题:

一是采购人未在5个工作日之内在评审报告推荐的中标候选人中按顺序确定中标供应商。本案中,乙招标公司于3月21日向甲采购人发送了评审报告,按次序推荐丙公司为第一中标候选人,截至3月29日5个工作日期限届满,甲采购人未确认采购结果,该行为违反了《政府采购法实施条例》第43条第1款的规定。

二是采购人不得要求评审委员会违法重新评审。根据《关于进一步规范政府采购评审工作有关问题的通知》规定,评审结果汇总完成后,采购人、采购代理机构和评审委员会均不得修改评审结果或者要求重新评审,但资格性检查认定错误、分值汇总计算错误、分项评分超出评分标准范围、客观分评分不一致、经评审委员会一致认定评分畸高、畸低的情形除外。本案中,第一中标候选人丙公司业绩可能造假不属于重新评审的法定情形,甲采购人以此要求乙招标公司组织重新评审的做法违反了该规定。

三是采购人不得自行改变评审委员会推荐的中标候选人顺序选择中标人。根据《政府采购法实施条例》第43条第1款的规定,采购代理机构应当自评审结束之日起2个工作日内将评审报告送交采购人。采购人应当自收到评审报告之日起5个工作日内在评审报告推荐的中标或者成交候选人中按顺序确定中标或者成交供应商。本案中,甲采购人自行确认第二中标候选人为中标供应商的行为违反了该规定。

四是采购人应按照法律及招标文件的相关规定签订采购合同。根据《政府采购法》第46条第1款的规定,采购人与中标、成交供应商应当在中标、成交通知书发出之日起三十日内,按照采购文件确定的事项签订政府采购合同。实践中,采购人、采购代理机构往往通过隐瞒政府采购信息、改变采购方式、不按采购文件确定事项签订采购合同等手段，达到虚假采购或者让内定供应商中标的目的。因此，采购人应当依照采购文件所确认的标的、数量、单价等与中标供应商签订采购合同。

综上，财政部门作出如下处理决定：根据《政府采购法》第46条、《政府采购法实施条例》第43条的规定，责令甲采购人进行整改，督促其签订采购合同。

第四十七条　【政府采购合同的备案】 政府采购项目的采购合同自签订之日起七个工作日内，采购人应当将合同副本报同级政府采购监督管理部门和有关部门备案。

条文解读

本条规定了政府采购合同的备案程序。

政府采购合同是依法开展政府采购项目的采购活动获得结果的书面记录，既是各级政府采购监督管理部门和其他有关部门对政府采购活动实施监督的重要依据，也是各级财政部门审核拨付政府采购资金的重要依据。为了加强财政部门和其他有关部门对政府采购活动的监督，有利于财政部门及时调度和审核拨付政府资金，本法规定了政府采购合同应当自合同签订之日起7个工作日内向同级政府采购监督管理部门和其他有关部门备案。

采购人未按照规定时间将政府采购合同副本报本级人民政府财政部门和有关部门备案的，由财政部门责令限期改正，给予警告，对直接负责的主管人员和其他直接责任人员依法给予处分，并予以通报。

关联参见

《政府采购法实施条例》第50条、第67条

第四十八条 【分包以及责任承担】经采购人同意，中标、成交供应商可以依法采取分包方式履行合同。

政府采购合同分包履行的，中标、成交供应商就采购项目和分包项目向采购人负责，分包供应商就分包项目承担责任。

条文解读

本条规定了政府采购合同的分包以及责任承担。

中标、成交供应商与采购人签订政府采购合同后，应当接受合同的约束，按照合同的约定全面履行自己的义务。但是，中标、成交供应商在履行政府采购合同中，可以经采购人同意将其不一定具备优势的部分工作依法采取分包方式交给第三人完成，使合同得到更加有效的履行。同时，在政府采购合同分包履行后，中标、成交供应商对于分包项目不能推卸责任，分包供应商对分包项目也要承担相应责任。但是，中标、成交供应商不得将全部采购项目或者采购项目中的主体或关键性项目转让给其他供应商。

分包时应注意以下问题：（1）投标人投标时计划分包履行合同的，应当在投标文件中载明分包承担主体；投标人在中标后分包的，须经采购人同意；（2）分包人应具备承担分包项目相应的资格条件；（3）采购人、中标人、分包人签订三方协议，明确中标人对采购项目和分包项目承担全部责任，分包供应商就分包项目承担责任；（4）三方协议中应明确分包人不得再次分包；（5）在工程建设项目招标采购中，违法分包或者分包人再次分包的，分包无效，建设部门将对其予以行政处罚。

实务应用

13. 政府采购合同可以转包吗？

转包是指中标人将中标项目全部转让给他人，或者将中标项目肢解后分别转让给他人的行为。转包与分包的区别在于，转包是将合同的全部或主体、关键性工作转让给他人，中标人退出中标项目；分包是将合同的非主体、非关键性工作转让给他人,中标人承担主体、关键性工作。

根据《招标投标法》第 48 条第 1 款的规定:"中标人应当按照合同约定履行义务,完成中标项目。中标人不得向他人转让中标项目,也不得将中标项目肢解后分别向他人转让。"根据《政府采购法实施条例》第 72 条的规定,供应商将政府采购合同转包的,处以采购金额 5‰以上 10‰以下的罚款,列入不良行为记录名单,在 1 年至 3 年内禁止参加政府采购活动,有违法所得的,并处没收违法所得,情节严重的,吊销营业执照;构成犯罪的,依法追究刑事责任。

关联参见

《招标投标法》第 48 条;《政府采购法实施条例》第 72 条

第四十九条 【追加采购】 政府采购合同履行中,采购人需追加与合同标的相同的货物、工程或者服务的,在不改变合同其他条款的前提下,可以与供应商协商签订补充合同,但所有补充合同的采购金额不得超过原合同采购金额的百分之十。

条文解读

签订补充协议时,应注意以下几个问题:

(1)必须是在政府采购合同履行过程中,需要追加货物、服务或者工程的。如果是在政府采购合同履行完毕后,则需要重新履行采购程序。

(2)签订补充协议必须是追加与合同标的相同的货物、工程或者服务的。如果追加的不是与合同标的物相同的货物、工程或者服务,也需要重新履行采购程序。

(3)追加货物、服务或者工程不改变合同其他条款。如果需要更改货物、服务或者工程需要改变价格、付款条件等,则需要重新履行采购程序。

(4)所有补充合同的金额不得超过原合同采购金额的 10%。从《政府采购法》该条规定来看,只要前三个条件满足,就可以多次签订补充合同,但限制条件是所有签订的补充合同的金额不得超过原合同采购金额的 10%。

实务应用

14. 追加采购中签订补充合同有哪些注意事项?

政府采购合同履行过程中,采购人要追加采购与原合同标的相同的货物、工程或者服务,如果重新按照采购程序进行采购,可能会与实际工作要求不相适应,也会增加采购成本,降低采购效率,因此,有必要允许签订补充合同。补充合同的标的必须与原合同标的相同,除了数量和金额改变以外,不得改变原合同的其他条款。如果合同已经履行完毕,采购人就不能再与供应商签订补充合同。而且采购人需要追加与原合同标的相同的货物、工程或者服务,可能是一次性的,也可能多次需要,无论签订多少次补充合同,所有补充合同的累计采购金额,不得超过原合同采购金额的 10%。签订的补充合同,也必须按照本法的规定采用书面形式并履行合同备案手续。

第五十条 【合同的变更、中止或者终止】政府采购合同的双方当事人不得擅自变更、中止或者终止合同。

政府采购合同继续履行将损害国家利益和社会公共利益的,双方当事人应当变更、中止或者终止合同。有过错的一方应当承担赔偿责任,双方都有过错的,各自承担相应的责任。

条文解读

本条规定了政府采购合同的变更、中止或者终止规则。

签订政府采购合同的依据是经过法定采购方式和采购程序确定的中标、成交结果,这个结果具有法律效力,因此即使采购人与中标、成交供应商双方协商一致，也不得变更、中止或者终止合同。但是，由于采购人或者供应商的原因，或者其他原因，可能会损害国家利益和社会公共利益，此时政府采购合同不能继续履行，必须根据不同情况予以变更、中止或者终止。如果上述情况是由于采购人或者供应商的原因造成的，因合同变更、中止或者终止而给对方造成损失的，应当承担相应的赔偿责任；双方都有过错的，就分别承担相应的责任。

第六章　质疑与投诉

第五十一条　【询问】供应商对政府采购活动事项有疑问的，可以向采购人提出询问，采购人应当及时作出答复，但答复的内容不得涉及商业秘密。

条文解读

本条规定了政府采购活动事项的询问制度。所有供应商都可以不受约束地向采购人提出询问。根据《政府采购法实施条例》第52条第1款的规定，采购人或者采购代理机构应当在3个工作日内对供应商依法提出的询问作出答复。当然，答复的内容不得涉及商业秘密。供应商对政府采购活动事项提出询问以及采购人作出答复的方式，法律没有规定，实际操作中，既可以采取书面方式，也可以采取口头方式。

实务应用

15. 如何区分询问与质疑？

区分询问与质疑的关键不在于提出的形式，而是要看其内容。特别是在以书面形式提出时，如内容只是咨询、了解情况的，不涉及主张和诉求，则应认定为询问；如内容中有认为自身合法权益受到损害，要求采购人纠正错误等方面表述的，应认定为质疑。还应注意到，询问与质疑在发起主体、针对事项和答复时限等方面亦存在不同。

需要注意的是，采购代理机构对供应商的询问应当积极回应，即便供应商询问的事项属依法应当保密的内容,也应告知其原因和相关法律依据,而不应简单地以不予以答复的方式处理。①

关联参见

《政府采购法实施条例》第 52 条

第五十二条 【质疑】供应商认为采购文件、采购过程和中标、成交结果使自己的权益受到损害的,可以在知道或者应知其权益受到损害之日起七个工作日内,以书面形式向采购人提出质疑。

条文解读

本条规定了供应商提出质疑的范围、条件、时限和形式。

供应商应知其权益受到损害之日 ➡ "供应商应知其权益受到损害之日"是指:(1)对可以质疑的采购文件提出质疑的,为收到采购文件之日或者采购文件公告期限届满之日;(2)对采购过程提出质疑的,为各采购程序环节结束之日;(3)对中标或者成交结果提出质疑的,为中标或者成交结果公告期限届满之日。另外,潜在供应商已依法获取其可质疑的采购文件的,可以对该文件提出质疑。对采购文件提出质疑的,应当在获取采购文件或者采购文件公告期限届满之日起 7 个工作日内提出。一旦逾期,采购人可以不接受质疑。

质疑 ➡ 提出质疑的供应商应当是参与所质疑项目采购活动的供应商。供应商提出质疑应当提交质疑函和必要的证明材料。质疑函应当包括下列内容:(1)供应商的姓名或者名称、地址、邮编、联系人及联系电话;(2)质疑项目的名称、编号;(3)具体、明确的质疑事项和与质疑事项相关的请求;(4)事实依据;(5)必要的法律依据;(6)提

---

① 参见张志军主编:《政府采购全流程百案精析》,中国法制出版社 2019 年版,第 318 页。

出质疑的日期。供应商为自然人的,应当由本人签字;供应商为法人或者其他组织的,应当由法定代表人、主要负责人,或者其授权代表签字或者盖章,并加盖公章。

质疑的形式必须采用书面形式。采购人不得拒绝答复供应商依法提出的质疑。《政府采购法实施条例》第54条还规定,询问或者质疑事项可能影响中标、成交结果的,采购人应当暂停签订合同,已经签订合同的,应当中止履行合同。

关联参见

《政府采购法实施条例》第53条、第54条

第五十三条 【质疑的答复】 采购人应当在收到供应商的书面质疑后七个工作日内作出答复,并以书面形式通知质疑供应商和其他有关供应商,但答复的内容不得涉及商业秘密。

条文解读

本条规定了采购人对供应商质疑进行答复的时限、形式、内容要求。

质疑答复 ➡ 采购人收到供应商提出的书面质疑后,应当及时研究答复。对于质疑的处理与答复程序,《政府采购质疑和投诉办法》作出了具体规定。即供应商对评审过程、中标或者成交结果提出质疑的,采购人、采购代理机构可以组织原评标委员会、竞争性谈判小组、询价小组或者竞争性磋商小组协助答复质疑。质疑答复应当包括下列内容:(1)质疑供应商的姓名或者名称;(2)收到质疑函的日期、质疑项目名称及编号;(3)质疑事项、质疑答复的具体内容、事实依据和法律依据;(4)告知质疑供应商依法投诉的权利;(5)质疑答复人名称;(6)答复质疑的日期。质疑答复的内容不得涉及商业秘密。

采购人、采购代理机构认为供应商质疑不成立,或者成立但未对中

标、成交结果构成影响的,继续开展采购活动;认为供应商质疑成立且影响或者可能影响中标、成交结果的,按照下列情况处理:(1)对采购文件提出的质疑,依法通过澄清或者修改可以继续开展采购活动的,澄清或者修改采购文件后继续开展采购活动;否则应当修改采购文件后重新开展采购活动。(2)对采购过程、中标或者成交结果提出的质疑,合格供应商符合法定数量时,可以从合格的中标或者成交候选人中另行确定中标、成交供应商的,应当依法另行确定中标、成交供应商;否则应当重新开展采购活动。质疑答复导致中标、成交结果改变的,采购人或者采购代理机构应当将有关情况书面报告本级财政部门。另外,质疑事项可能影响中标、成交结果的,采购人应当暂停签订合同,已经签订合同的,应当中止履行合同。

第五十四条 【采购代理机构的答复】采购人委托采购代理机构采购的,供应商可以向采购代理机构提出询问或者质疑,采购代理机构应当依照本法第五十一条、第五十三条的规定就采购人委托授权范围内的事项作出答复。

条文解读

本条规定了采购代理机构应当答复供应商提出的询问和质疑。

无论是集中采购机构还是其他采购代理机构,都是根据其与采购人签订的委托代理协议,在采购人委托的范围内办理政府采购事宜。作为采购人的代理机构,往往直接面向供应商,全面了解掌握代理采购事项的具体细节。在这种情况下,供应商就可以直接向采购代理机构提出询问和质疑。采购代理机构对供应商提出的询问和质疑,必须就采购人委托授权范围内的事项以自己的名义作出答复,这样有利于及时答复,保障政府采购效率。至于采购人委托授权范围以外的事项,仍然应当由采购人负责答复。

第五十五条 【质疑供应商的投诉】质疑供应商对采购人、采购代理机构的答复不满意或者采购人、采购代理机构未在规定的时间内作出答复的,可以在答复期满后十五个工作日内向同级政府采购监督管理部门投诉。

条文解读

本条规定了质疑供应商投诉的条件和时限。

当采购人、采购代理机构对供应商提出的质疑、作出的答复不能令质疑供应商信服,或者采购人、采购代理机构没有在规定的期限内答复质疑供应商,使供应商的权益没有得到保障时,质疑供应商就可以向同级政府采购监督管理部门提出投诉。

实务应用

16. 提起投诉的具体要求是什么?

根据《政府采购法实施条例》第 55 条的规定,供应商质疑、投诉应当有明确的请求和必要的证明材料。供应商投诉的事项不得超出已质疑事项的范围。《政府采购质疑和投诉办法》规定了供应商提起投诉的具体要求。一是投诉人投诉时,应当提交投诉书和必要的证明材料,并按照被投诉采购人、采购代理机构和与投诉事项有关的供应商数量提供投诉书的副本。二是投诉人提起投诉应当符合下列条件:(1)提起投诉前已依法进行质疑;(2)投诉书内容符合本办法的规定;(3)在投诉有效期限内提起投诉;(4)同一投诉事项未经财政部门投诉处理;(5)财政部规定的其他条件。三是供应商投诉的事项不得超出已质疑事项的范围,但基于质疑答复内容提出的投诉事项除外。另外,如果供应商超过答复期满后 15 个工作日提出投诉,则投诉应视为无效,不应受理。

17. 投诉书应当包含哪些内容?

投诉书应当包括下列内容:(1)投诉人和被投诉人的姓名或者名

称、通信地址、邮编、联系人及联系电话；（2）质疑和质疑答复情况说明及相关证明材料；（3）具体、明确的投诉事项和与投诉事项相关的投诉请求；（4）事实依据；（5）法律依据；（6）提起投诉的日期。投诉人为自然人的，应当由本人签字；投诉人为法人或者其他组织的，应当由法定代表人、主要负责人，或者其授权代表签字或者盖章，并加盖公章。

关联参见

《政府采购法实施条例》第55条、第58条

第五十六条 【财政部门处理投诉】 政府采购监督管理部门应当在收到投诉后三十个工作日内，对投诉事项作出处理决定，并以书面形式通知投诉人和与投诉事项有关的当事人。

条文解读

本条规定了财政部门处理投诉事项的时限和形式。

《政府采购法实施条例》第56条进一步规定："财政部门处理投诉事项采用书面审查的方式，必要时可以进行调查取证或者组织质证。对财政部门依法进行的调查取证，投诉人和与投诉事项有关的当事人应当如实反映情况，并提供相关材料。"

实务应用

18. 对投诉的详细处理程序是什么？

《政府采购质疑和投诉办法》第四章对投诉的处理程序作出了更为细致的规定。一是财政部门收到投诉书后，应当在5个工作日内进行审查，审查后作出受理或不予受理投诉的决定。二是财政部门处理投诉事项原则上采用书面审查的方式。财政部门认为有必要时，可以进行调查取证或者组织质证，还可以根据法律、法规规定或者职责权限，委托相关单位或者第三方开展调查取证、检验、检测、鉴定。

19. 财政部门应当驳回投诉的情形有哪些？

投诉处理过程中，有下列情形之一的，财政部门应当驳回投诉：（1）受理后发现投诉不符合法定受理条件；（2）投诉事项缺乏事实依据，投诉事项不成立；（3）投诉人捏造事实或者提供虚假材料；（4）投诉人以非法手段取得证明材料。证据来源的合法性存在明显疑问，投诉人无法证明其取得方式合法的，视为以非法手段取得证明材料。

投诉人捏造事实、提供虚假材料或者以非法手段取得证明材料进行投诉的，财政部门应当予以驳回。财政部门受理投诉后，投诉人书面申请撤回投诉的，财政部门应当终止投诉处理程序。

案例指引

18. 供应商投诉处理决定是否应当公告？[①]

2016年1月，某机关委托采购代理机构以公开招标方式采购一批货物，某科技公司参加了该项目投标。经评审，该项目符合专业条件的供应商不足3家，采购人于2016年2月18日依据《政府采购法》第36条作出废标决定，并于同年2月26日在政府采购网予以公告。

科技公司对评审结果不满，向采购人提出质疑。后，因对采购人的质疑答复不满意，又向财政部门提起投诉。2016年3月21日，市财政局作出《关于对科技公司投诉的答复》，该答复告知了该项目的废标理由，并对项目评标委员会作出的废标决定予以肯定。

科技公司对该投诉答复不满，起诉请求法院撤销投诉答复及废标决定，更正中标供应商为科技公司，责令某机关赔偿投标、质疑、投诉、起诉等损失合计530220元，要求追究某机关、采购代理机构、市财政局和评标专家的行政、刑事及赔偿责任。

法院经审理认为：第一，依据相关法律规定，财政部门应当自受理

[①] 参见张志军主编：《政府采购全流程百案精析》，中国法制出版社2019年版，第371—373页。

投诉之日起30个工作日内，对投诉事项作出处理决定，并以书面形式通知投诉人、被投诉人及其他与投诉处理结果有利害关系的政府采购当事人；还应当将投诉处理结果在省级以上财政部门指定的媒体上公告。本案市财政局于2016年3月21日就科技公司的投诉作出《关于对科技公司投诉的答复》，应视为对投诉作出的处理决定。但该答复未载明投诉人享有的行政复议申请权和诉讼权利，未依法向被投诉人及其他供应商送达，未依法在省级以上财政部门指定的媒体上公告，均属违反法定程序，该行政行为依法应予撤销。第二，科技公司未就赔偿请求提供相关证据，赔偿请求应予驳回。第三，关于科技公司提出撤销废标决定，更正其为中标供应商等其他请求，不属本案的审查范围，不予审查，科技公司可依法另行寻求救济途径。

综上，法院判决撤销市财政局作出《关于对科技公司投诉的答复》的行政行为，驳回科技公司的其他诉讼请求。

关联参见

《政府采购法实施条例》第56条

第五十七条 【投诉处理期间采购活动暂停】 政府采购监督管理部门在处理投诉事项期间，可以视具体情况书面通知采购人暂停采购活动，但暂停时间最长不得超过三十日。

条文解读

本条规定了投诉处理期间采购活动的暂停制度。

《政府采购质疑和投诉办法》第28条进一步作出具体规定。一是财政部门在处理投诉事项期间，可以视具体情况书面通知采购人和采购代理机构暂停采购活动。二是暂停采购活动的时间最长不得超过30日。该时间应当连续计算，包括节假日。三是采购人和采购代理机构收到暂停采购活动通知后应当立即中止采购活动，在法定的暂停期限结束前或者财政部门发出恢复采购活动通知前，不得进行该项采购活动。

关联参见

《政府采购质疑和投诉办法》第 28 条

第五十八条　【供应商不服处理决定的救济手段】 投诉人对政府采购监督管理部门的投诉处理决定不服或者政府采购监督管理部门逾期未作处理的，可以依法申请行政复议或者向人民法院提起行政诉讼。

条文解读

本条规定了供应商不服投诉处理决定的救济手段。

政府采购监督管理部门对投诉人的投诉事项作出的处理决定，是一项具体行政行为，法律并没有规定这种具体行政行为可以成为最终裁决。因此，投诉人对投诉处理决定不服，或者政府采购监督管理部门逾期未作处理的，投诉人可依法先行申请行政复议。对行政复议决定不服的，再依法向人民法院提起行政诉讼，也可以不经过复议程序而直接向人民法院提起行政诉讼，具体按照《行政复议法》《行政诉讼法》的规定办理。

第七章　监督检查

第五十九条　【监督检查】 政府采购监督管理部门应当加强对政府采购活动及集中采购机构的监督检查。

监督检查的主要内容是：

（一）有关政府采购的法律、行政法规和规章的执行情况；

（二）采购范围、采购方式和采购程序的执行情况；

（三）政府采购人员的职业素质和专业技能。

条文解读

本条规定了政府采购监督管理部门监督检查的职责和主要内容。

第一,监督检查有关政府采购的法律、行政法规和规章的执行情况。所有与政府采购有关的法律制度是否得到全面、正确执行,都会对政府采购活动产生直接影响。因此,政府采购监督管理部门必须加强对有关政府采购的法律、行政法规和规章的执行情况的全面监督检查。

第二,监督检查采购范围、采购方式和采购程序的执行情况。采购人如果对纳入集中采购目录的政府采购项目不委托集中采购机构实行集中采购,对应当实行公开招标方式采购的项目擅自采用其他方式采购等,严重影响了政府采购的严肃性、公正性,损害了国家利益、社会公共利益和供应商的合法权益。因此,政府采购监督管理部门必须重点抓好采购范围、采购方式和采购程序执行情况的监督检查。

第三,监督检查政府采购人员的职业素质和专业技能。采购人员具备良好的职业素质和较高的专业技能,是有效遏制采购中的腐败行为、提高政府采购的质量和效益、保证政府采购活动顺利进行的基础和关键。

第六十条 【集中采购机构的设置】政府采购监督管理部门不得设置集中采购机构,不得参与政府采购项目的采购活动。

采购代理机构与行政机关不得存在隶属关系或者其他利益关系。

条文解读

本条规定了集中采购机构的设置要求以及采购代理机构与行政机关的关系界定。

政府采购监督管理部门对政府采购活动和集中采购机构负有监督管理的重要职责。如果政府采购监督管理部门直接设置集中采购机构,直接参与政府采购项目的采购活动,集监督者和操作者于一身,既当"裁判员"，又当"运动员"，根本不可能形成有效的监督机制，难以保证公正地开展各项采购活动，也无法公平地处理投诉等事项和处理政府采购中的违法违纪行为，真正履行监督职能。因此，政府采购监督管理部门和集中采购机构应当在管理体制上、运行机制上既要有联系，又要相对分离。

第六十一条 【集中采购机构内部监督】集中采购机构应当建立健全内部监督管理制度。采购活动的决策和执行程序应当明确，并相互监督、相互制约。经办采购的人员与负责采购合同审核、验收人员的职责权限应当明确，并相互分离。

第六十二条 【采购人员任职要求】集中采购机构的采购人员应当具有相关职业素质和专业技能，符合政府采购监督管理部门规定的专业岗位任职要求。

集中采购机构对其工作人员应当加强教育和培训；对采购人员的专业水平、工作实绩和职业道德状况定期进行考核。采购人员经考核不合格的，不得继续任职。

条文解读

本条规定了集中采购机构采购人员的任职要求以及培训与考核。

建立和保持一支高素质、高水平的采购队伍，是集中采购机构履行法定采购职责的基础。政府采购监督管理部门必须对集中采购机构的各个岗位进行认真的分析研究，按照采购活动的不同环节合理确定专业岗位，具体规定每个专业岗位的任职要求。同时，还要加强对采购人员的教育和培训，采取相应措施对采购人员实行严格的考核制度，形成优胜劣汰的良性机制。

第六十三条 【采购标准和采购结果公开】政府采购项目的采购标准应当公开。

采用本法规定的采购方式的，采购人在采购活动完成后，应当将采购结果予以公布。

条文解读

采购标准 ➡ 所谓采购标准，是指项目采购所依据的经费预算标准、资产配置标准和技术、服务标准等。采购标准是供应商衡量其参加采购活动能力、风险与利益，确定是否参加以及如何参加政府采购的重要依据，既是政府采购监督管理部门以及其他监督部门对采购活动实施监督的主要内容，也是采购人保证采购质量、完成采购任务的基础。因此，采购人应当准确地确定采购标准并按照规定予以公开。

实务应用

20. 哪些政府采购项目信息可以公开？

根据《财政部关于做好政府采购信息公开工作的通知》的规定，除涉及国家秘密、供应商的商业秘密，以及法律、行政法规规定应予保密的政府采购信息外，可以公开的政府采购项目信息为：采购项目公告、采购文件、采购项目预算金额、采购结果等。

关联参见

《政府采购法实施条例》第 59 条

第六十四条 【按照法定方式和程序采购】采购人必须按照本法规定的采购方式和采购程序进行采购。

任何单位和个人不得违反本法规定，要求采购人或者采购工作人员向其指定的供应商进行采购。

条文解读

按照法律规定的采购方式和采购程序进行采购，是对采购人的基本要求,是实现公开、公平、公正原则的保证,也是维护国家利益和社会公共利益,以及供应商合法权益的需要。因此,采购人在确定采购方式时,应当严格遵守法律规定,不能采用法律规定之外的任何采购方式;依法应当采用公开招标方式采购的,不得擅自采用其他方式采购。采购人还必须严格按照法律规定的程序进行采购,这些程序性规定一般都属于法律强制性规定,不得违反。

案例指引

19. 采购人在提供采购文件的技术需求时能否指定品牌?[①]

某年10月,甲师范学校委托乙招标公司,就该学校"教学设备购置项目"进行公开招标。由于此次采购的教学设备是配合甲师范学校争创"省级优秀学校"而准备的,因此校方要求采购的设备必须体现优质性和先进性,要高标准。为此,乙招标公司对此次招标工作高度重视,协助采购人甲师范学校一起了解外省市及北京、上海、广州等大城市师范学校同类产品的采购和使用情况,并对本校既有同类教学设备在使用中发现的问题进行查找,听取多方意见后,编制完成了招标文件。10月25日,乙招标公司发布招标公告,并同时开始发售招标文件。在招标文件发售期间,共有丙、丁、戊、己四家供应商购买了招标文件。

10月28日,乙招标公司收到丙公司提交的质疑函,质疑函称:招标文件中指明了某些设备的品牌,存在不合理条款,要求乙招标公司和甲师范学校修改招标文件。乙招标公司回复质疑称:招标文件表格中所列产品品牌并不是指定品牌,只是表示列出的品牌在之前的使用中效果较好,作为推荐,供应商可以提供招标文件中标明品牌的产品,也可以提供其他品牌的产品。因此,招标文件不存在指定品牌的问题,也不存在歧视性,不需要修改。丙公司对乙招标公司的质疑答复不满,向财政

[①] 参见《案例五:指定货物品牌行不行?》,载中国政府采购网,http://www.ccgp.gov.cn/aljd/201611/t20161121_7606026.htm,最后访问日期:2025年3月29日。

部门提起投诉。

本案的争议焦点是，招标文件中是否指定了投标产品的品牌。为此，财政部门调取了本项目的招标文件、质疑文件和质疑答复等材料。调查发现：招标文件第五章"二、技术规格及要求""品目六"规定，"为保证大型阶梯教室中多媒体教学情况下的显示效果，大屏幕显示器应采用××品牌宽屏高清显示器"；同时，在投影仪的配置一项中表明，"投影仪应采用××影院系列投影设备"。这与乙招标公司在质疑回复中所称的"招标文件表格中所列产品品牌并不是指定品牌，只是……作为推荐"的表述大相径庭。后来，财政部门向乙招标公司再次核实，乙招标公司反映说，这是甲师范学校的要求，其实在编制招标文件时，乙招标公司已向甲师范学校建议过，认为这样在招标文件中写明品牌不太好，但甲师范学校为了落实校领导要求，采购高质量教学设备，坚持要求写明品牌，所以才按照甲师范学校的要求在招标文件中作出了上述规定。

本案反映了政府采购中常见的问题，即指定品牌的问题。应当说，本案中，采购人、采购代理机构都存在不当之处：

一是采购人在提供采购文件的技术需求时不应指定品牌。政府采购的基本原则是公开透明、公平竞争，应该允许符合采购需求的所有供应商均能参与竞争，只有这样，才能通过广泛而充分的竞争使采购人采购到最符合需求且价格合理的货物和服务。如采购人在招标文件中指定了某个或某些产品或服务的品牌，则必然会限制其他品牌参与此次政府采购活动，难以实现各品牌的公平竞争，既损害了供应商的权益，也会最终导致政府采购活动难以达到最佳效果。本案中，甲师范学校一意孤行，坚持在招标文件中明确产品品牌，导致了本案投诉的发生。

二是采购代理机构在发现采购文件的技术需求存在问题时应该及时纠正，不应盲目听从采购人的要求。采购代理机构作为专业机构，应该非常了解政府采购法律法规与程序规定，在发现采购人提供的技术需求存在倾向性或其行为有不当之处时，应当及时指出，并要求采购人改正。本案中，乙招标公司发现了采购人提供的技术需求中存在指定品牌的问题,却没有依法坚持自己的意见、要求采购人修改相应的技术需求内容,而是仍然按照采购人的要求编制招标文件并公开发售,最终导致了供应商不满,引发本案的质疑投诉。

因此,财政部门认为,《政府采购法》第64条第2款规定:"任何单位和个人不得违反本法规定,要求采购人或者采购工作人员向其指定的供应商进行采购。"本项目招标文件中指定了部分产品的品牌,违反了上述规定,必然会影响或者可能影响中标结果。综上,财政部门作出处理决定:本项目违反了《政府采购法》第64条第2款的规定,责令采购人重新开展采购活动。

第六十五条 【监督检查】政府采购监督管理部门应当对政府采购项目的采购活动进行检查,政府采购当事人应当如实反映情况,提供有关材料。

条文解读

依法对政府采购活动实施监督检查是政府采购监督管理部门的法定职责,明确赋予政府采购监督管理部门对政府采购项目的采购活动的检查权,有利于政府采购监督管理部门监督作用的充分发挥。政府采购监督管理部门应当正确、充分地使用法定的检查权,可以向参与该项目采购活动的采购人、采购代理机构、供应商等所有当事人了解情况,听取意见,核查问题,并可以要求当事人提供有关材料。有关材料包括采购活动记录、采购预算、招标文件、投标文件、评标标准、评估报告、定标文件、合同文本、验收证明、质疑答复以及其他有关文件、资料。这些材料能够充分反映政府采购当事人开展或者参加采购活动的情况。政府采购当事人所提供的情况和资料是否真实、准确,直接影响到检查的结果,影响到国家利益、社会公共利益和供应商的切身利益。因此,政府采购当事人在接受政府采购监督管理部门的检查时,应当如实反映情况,提供有关材料。

第六十六条 【集中采购机构的考核】政府采购监督管理部门应当对集中采购机构的采购价格、节约资金效果、服务质量、信誉状况、有无违法行为等事项进行考核,并定期如实公布考核结果。

条文解读

政府采购监督管理部门对集中采购机构进行考核,不能局限于个别事项,必须对其各个方面实行综合考核。《集中采购机构监督考核管理办法》第二章对集中采购机构的考核内容作了具体的规定。

(1)集中采购机构执行政府采购的法律、行政法规和规章情况,有无违纪违法行为。

(2)采购范围、采购方式和采购程序的执行情况。包括集中采购目录或计划任务的完成情况,是否按规定的采购方式执行,采购程序是否合理合法,接受采购人委托完成其他采购情况等。

(3)集中采购机构建立和健全内部管理监督制度情况。包括是否建立岗位工作纪律要求,工作岗位设置是否合理,管理操作环节是否权责明确,是否建立内部监督制约体系。

(4)集中采购机构从业人员的职业素质和专业技能情况。包括是否遵守有关法律、规章制度,是否开展内部培训和参加财政部门组织的培训等。

(5)基础工作情况。包括日常基础工作和业务基础工作。日常基础工作有,政府采购文件档案管理制度是否规范有序,归档资料是否齐全、及时。业务基础工作有,招标公告和中标公告发布率,招标文件、招标结果和合同备案率,擅自改变采购方式率和质疑答复满意率,有关收费和资金管理情况,有关报表数据是否及时等。

(6)采购价格、资金节约率情况。包括实际采购价格是否低于采购预算和市场同期平均价格等。

(7)集中采购机构的服务质量情况。包括是否及时向采购人提供服务,是否在规定的时间内及时组织采购人和中标(成交)供应商签订采购合同;是否及时会同采购人对采购项目进行验收,采购人对集中采购机构服务态度和质量的满意度,是否公平公正对待参加采购活动的供应商等。

(8)集中采购机构及其从业人员的廉洁自律情况。包括是否制定廉洁自律的规定,是否有接受采购人或供应商宴请、旅游、娱乐的行为,是否有接受礼品、回扣、有价证券的,是否在采购人或供应商处报销应该由个人负担的费用以及其他不廉洁行为等。

另外,《政府采购法实施条例》第60条进一步规定,除《政府采购法》第66条规定的考核事项外,财政部门对集中采购机构的考核事项还包括:(1)政府采购政策的执行情况;(2)采购文件编制水平;(3)采购方式和采购程序的执行情况;(4)询问、质疑答复情况;(5)内部监督管理制度建设及执行情况;(6)省级以上人民政府财政部门规定的其他事项。财政部门应当制定考核计划,定期对集中采购机构进行考核,考核结果有重要情况的,应当向本级人民政府报告。

关联参见

《政府采购法实施条例》第60条;《集中采购机构监督考核管理办法》第二章

第六十七条 【政府有关部门职责】依照法律、行政法规的规定对政府采购负有行政监督职责的政府有关部门,应当按照其职责分工,加强对政府采购活动的监督。

条文解读

《关于国务院有关部门实施招标投标活动行政监督的职责分工的意见》规定,对于招投标过程(包括招标、投标、开标、评标、中标)中泄露保密资料、泄露标底、串通招标、串通投标、歧视排斥投标等违法活动的监督执法,按现行的职责分工,分别由有关行政主管部门负责并受理投标人和其他利害关系人的投诉。按照这一原则,工业(含内贸)、水利、交通、铁道、民航、信息产业等行业和产业项目的招投标活动的监督执法，分别由经贸、水利、交通、铁道、民航、信息产业等行政主管部门负责；各类房屋建筑及其附属设施的建造和与其配套的线路、管道、设备的安装项目和市政工程项目的招投标活动的监督执法，由建设行政主管部门负责；进口机电设备采购项目的招投标活动的监督执法，由外经贸行政主管部门负责。有关行政主管部门须将监督过程中发现的问题，及时通知项目审批部门，项目审批部门根据情况依法暂停项目执行或者暂停资金拨付。

关联参见

《政府采购法实施条例》第63条、第64条；《关于国务院有关部门实施招标投标活动行政监督的职责分工的意见》

第六十八条 【审计监督】审计机关应当对政府采购进行审计监督。政府采购监督管理部门、政府采购各当事人有关政府采购活动，应当接受审计机关的审计监督。

条文解读

本条规定了审计机关对政府采购进行审计监督的职责。

《审计法》第2条规定："国家实行审计监督制度。坚持中国共产党对审计工作的领导，构建集中统一、全面覆盖、权威高效的审计监督体系。国务院和县级以上地方人民政府设立审计机关。国务院各部门和地方各级人民政府及其各部门的财政收支，国有的金融机构和企业事业组织的财务收支，以及其他依照本法规定应当接受审计的财政收支、财务收支，依照本法规定接受审计监督。审计机关对前款所列财政收支或者财务收支的真实、合法和效益，依法进行审计监督。"本法规定的政府采购属于财政性资金支出活动，应当接受审计监督。被审计单位和个人应当依法接受审计监督，任何组织和个人不得拒绝、阻碍审计人员依法执行职务，不得打击报复审计人员。

关联参见

《审计法》第 2 条;《政府采购法实施条例》第 65 条

第六十九条 【监察机关监察】监察机关应当加强对参与政府采购活动的国家机关、国家公务员和国家行政机关任命的其他人员实施监察。

条文解读

本条规定了监察机关对参与政府采购活动的人员实施监察的职责。

根据《监察法》的规定,各级监察委员会是行使国家监察职能的专责机关,依照《监察法》对所有行使公权力的公职人员进行监察,调查职务违法和职务犯罪,开展廉政建设和反腐败工作,维护宪法和法律的尊严。各级监察委员会可以向本级中国共产党机关、国家机关、法律法规授权或者委托管理公共事务的组织和单位以及所管辖的行政区域、国有企业等派驻或者派出监察机构、监察专员。参与政府采购活动的有关公职人员属于监察对象。各级监察委员会应当依据《监察法》的规定对参与政府采购活动、纳入监察对象的公职人员和有关人员进行监察,保障政府采购活动的廉洁和高效。

审计机关、监察机关以及其他有关部门依法对政府采购活动实施监督,发现采购当事人有违法行为的,应当及时通报财政部门。

关联参见

《监察法》第 3 条、第 12 条;《政府采购法实施条例》第 65 条

第七十条 【社会监督】任何单位和个人对政府采购活动中的违法行为,有权控告和检举,有关部门、机关应当依照各自职责及时处理。

条文解读

本条规定了任何单位和个人都拥有对政府采购活动中的违法行为实行监督的权利。

对政府采购活动中的违法行为依法进行控告和检举，是任何单位和个人的法定权利。控告和检举的对象，包括政府采购当事人、政府采购监督管理部门和政府其他有关部门在政府采购活动中的任何违法行为。在处理控告和检举事项时，有关部门、机关应当依法进行调查、核实，及时进行处理，并将处理结果告知控告人和检举人；对不属于本部门、本机关管辖的事项，应当及时转送有管辖权的部门和机关负责处理。

第八章 法律责任

第七十一条 【采购人、采购代理机构一般违法行为法律责任】采购人、采购代理机构有下列情形之一的，责令限期改正，给予警告，可以并处罚款，对直接负责的主管人员和其他直接责任人员，由其行政主管部门或者有关机关给予处分，并予通报：

（一）应当采用公开招标方式而擅自采用其他方式采购的；

（二）擅自提高采购标准的；

（三）以不合理的条件对供应商实行差别待遇或者歧视待遇的；

（四）在招标采购过程中与投标人进行协商谈判的；

（五）中标、成交通知书发出后不与中标、成交供应商签订采购合同的；

（六）拒绝有关部门依法实施监督检查的。

条文解读

本条规定了采购人、采购代理机构一般违法行为所应承担的法律责任。

（1）应当采用公开招标方式而擅自采用其他方式采购的。根据《政府采购法》第 26 条的规定，政府采购的方式有公开招标、邀请招标、竞争性谈判、单一来源采购、询价及国务院政府采购监督管理部门认定的其他采购方式。由此可知，"应当采用公开招标方式而擅自采用其他方式采购"中的"其他方式"为邀请招标、竞争性谈判、单一来源采购、询价及国务院政府采购监督管理部门认定的其他采购方式。

（2）擅自提高采购标准的。根据《政府采购法实施条例》第 59 条的规定，政府采购项目的采购标准，是指项目采购所依据的经费预算标准、资产配置标准和技术、服务标准等。采购标准一经确定和公开，即成为采购人和供应商的共同依据，采购人、采购代理机构不得擅自变更，否则，属于违法行为。

（3）以不合理的条件对供应商实行差别待遇或者歧视待遇的。《政府采购法》第 3 条规定，政府采购应当遵循公开透明原则、公平竞争原则、公正原则和诚实信用原则。公平对待所有供应商是采购人、采购代理机构的法定义务，采取任何方式偏袒某些供应商，而对其他供应商实行差别待遇或者歧视待遇，属于法律禁止的行为。

（4）在招标采购过程中与投标人进行协商谈判的。这一行为直接影响到采购活动和采购结果的客观、公正，应当予以禁止。

（5）中标、成交通知书发出后不与中标、成交供应商签订采购合同的。《政府采购法》第 46 条规定，采购人与中标、成交供应商应当在中标、成交通知书发出之日起 30 日内，按照采购文件确定的事项签订政府采购合同。中标、成交通知书对采购人和中标、成交供应商均具有法律效力。中标、成交通知书发出后，采购人改变中标、成交结果的，或者中标、成交供应商放弃中标、成交项目的，应当依法承担法律责任。

（6）拒绝有关部门依法实施监督检查的。根据《政府采购法》第七章的规定，政府采购监督管理部门，依照法律、行政法规的规定对政府采购负有行政监督职责的政府有关部门，审计机关，监察机关有权对采购人、采购代理机构及其工作人员依法实施监督检查，采购人、采代理机构必须依法接受监督检查。

另外，根据《政府采购法实施条例》第 66 条第 1 款的规定，《政府采购法》第 71 条规定的罚款，数额为 10 万元以下。

案例指引

20. 以不合理的条件对供应商实行差别待遇或者歧视待遇的，应如何处理？[①]

某年 10 月，某单位甲管理局委托乙招标公司进行"高防伪证书制作"服务项目采购工作。由于当时办假证活动泛滥，甲管理局此前曾多次接到举报或在业务检查中发现有人违法使用假证书，因此，甲管理局对此次新的证书制作服务采购工作高度重视，在采购开始前专门咨询了国内证书防伪领域的专家，并在专家指导下在采购需求中规定了较高的技术标准，同时，甲管理局还要求专家提供了几家国内从事防伪证书制作业务的技术水平较高的大公司名单。乙招标公司接受委托后，甲管理局将自己的担心和前期调研的情况与乙招标公司进行了沟通，要求乙招标公司按照甲管理局前期确定的采购需求编制招标文件，并且提出为了保证采购的效果，要对投标人的资格提出较高的要求，一定要保证中标人是技术过硬、信誉良好、管理规范的大公司。

10 月底，乙招标公司按照甲管理局的要求，编制完成了招标文件，并得到甲管理局的确认。随后，乙招标公司依法进行了发布招标公告、发售招标文件、接受投标人递交投标文件、抽取专家、组织开标、组织评标委员会进行评标等工作，评标委员会经过评审，推荐投标人丙公司为排名第一的中标候选供应商。乙招标公司在获得甲管理局对采购结果的确认后，发布了中标公告。

12 月初，财政部门收到丁公司的举报，举报称，此次采购存在不

[①] 参见《案例六：不该有的歧视待遇》，载中国政府采购网，http：//www.ccgp.gov.cn/aljd/201611/t20161121_ 7606084.htm，最后访问日期：2025 年 3 月 29 日。

正当限制投标人的情形，采购结果有失公正，要求财政部门对此项目进行调查，并依法作出处理处罚。

本案的争议焦点是，采购中是否存在以不正当理由限制投标人的情形。为此，财政部门调取了本项目的招标公告、招标文件等材料。调查发现：招标公告及招标文件中对于投标人的资格要求存在如下内容：投标人"注册资金不低于2000万元"、"投标前三年每年度营业收入不低于2000万元"、投标人正式员工"不得低于100人"等。为避免案件处理中出现疏漏，财政部门根据文件中发现的问题又对甲管理局和乙招标公司进行了询问。询问中甲管理局表示，他们只是要求中标人必须是技术过硬、信誉良好的大公司，至于具体标准，是由乙招标公司确定的；乙招标公司反映，为了能实现甲管理局提出的必须由证书制作行业内大公司中标的要求，乙招标公司通过市场调研，确定了比较合理的资格标准，对投标人的注册资金、营业收入和公司规模等提出了一定的要求，这样既能保证投标人是具有一定实力的大公司，也能保证投标人数量比较多，能够构成充分竞争。

在本案中，采购人和采购代理机构确实存在不当之处，即对投标人进行了不正当限制。政府采购的一项基本原则是公平公正，即在采购中，要公平公正地对待所有投标人，不得对某些投标人进行歧视，也不得对某些投标人进行特殊照顾。反映在具体操作上：一是招标文件中不得存在歧视投标人的条款，如不得要求或者标明特定的投标人或者产品、不得设置地域限制或者规模限制；二是在评标时要按照统一明确的标准进行评审，不得对投标人区别对待，有所倾向。本案中，招标文件中对投标人作出"注册资金不低于2000万元""投标前三年的每年度营业收入不低于2000万元"，投标人正式员工"不得低于100人"等要求，明显是对注册资本较少、营业收入较低、从业人员不多的中小企业进行了限制，不符合政府采购公平公正的原则，有违政府采购促进中小企业发展的政策，是对中小企业的歧视。

《政府采购法》第22条第2款规定："采购人可以根据采购项目的

特殊要求，规定供应商的特定条件，但不得以不合理的条件对供应商实行差别待遇或者歧视待遇。"《政府采购促进中小企业发展管理办法》第5条规定："采购人在政府采购活动中应当合理确定采购项目的采购需求，不得以企业注册资本、资产总额、营业收入、从业人员、利润、纳税额等规模条件和财务指标作为供应商的资格要求或者评审因素，不得在企业股权结构、经营年限等方面对中小企业实行差别待遇或者歧视待遇。"因此，财政部门认为，本案中招标公告和招标文件中关于投标人资格的要求，明显违反了上述规定。《政府采购法》第71条规定："采购人、采购代理机构有下列情形之一的，责令限期改正，给予警告，可以并处罚款，对直接负责的主管人员和其他直接责任人员，由其行政主管部门或者有关机关给予处分，并予通报……（四）在招标采购过程中与投标人进行协商谈判的……"综上，财政部门对本案作出处理决定，决定采购活动违法，并对采购人和采购代理机构给予了警告的行政处罚。

关联参见

《政府采购法实施条例》第59条、第66—68条；《政府采购促进中小企业发展管理办法》第5条

第七十二条 【采购人、采购代理机构严重违法行为法律责任】采购人、采购代理机构及其工作人员有下列情形之一，构成犯罪的，依法追究刑事责任；尚不构成犯罪的，处以罚款，有违法所得的，并处没收违法所得，属于国家机关工作人员的，依法给予行政处分：

（一）与供应商或者采购代理机构恶意串通的；

（二）在采购过程中接受贿赂或者获取其他不正当利益的；

（三）在有关部门依法实施的监督检查中提供虚假情况的；

（四）开标前泄露标底的。

条文解读

恶意串通 ➡ 根据《政府采购法实施条例》第74条的规定，恶意串通是指以下情形：

（1）供应商直接或者间接从采购人或者采购代理机构处获得其他供应商的相关情况并修改其投标文件或者响应文件；（2）供应商按照采购人或者采购代理机构的授意撤换、修改投标文件或者响应文件；（3）供应商之间协商报价、技术方案等投标文件或者响应文件的实质性内容；（4）属于同一集团、协会、商会等组织成员的供应商按照该组织要求协同参加政府采购活动；（5）供应商之间事先约定由某一特定供应商中标、成交；（6）供应商之间商定部分供应商放弃参加政府采购活动或者放弃中标、成交；（7）供应商与采购人或者采购代理机构之间、供应商相互之间，为谋求特定供应商中标、成交或者排斥其他供应商的其他串通行为。

根据《政府采购法实施条例》第66条第2款的规定，《政府采购法》第72条规定的罚款，数额为5万元以上25万元以下。

关联参见

《政府采购法实施条例》第66条；《政府采购法实施条例》第74条

第七十三条　【违法行为影响中标、成交结果的处理】有前两条违法行为之一影响中标、成交结果或者可能影响中标、成交结果的，按下列情况分别处理：

（一）未确定中标、成交供应商的，终止采购活动；

（二）中标、成交供应商已经确定但采购合同尚未履行的，撤销合同，从合格的中标、成交候选人中另行确定中标、成交供应商；

（三）采购合同已经履行的，给采购人、供应商造成损失的，由责任人承担赔偿责任。

条文解读

本条规定了采购人、采购代理机构的违法行为影响中标、成交结果的处理办法。

采购人、采购代理机构在政府采购活动中发生的违法行为,确实对中标、成交结果产生影响,或者有足够的证据证明违法行为对中标、成交结果可能产生影响时,按照本条的规定分别不同情况进行处理。《政府采购法实施条例》第71条进一步明确规定:"有政府采购法第七十一条、第七十二条规定的违法行为之一,影响或者可能影响中标、成交结果的,依照下列规定处理:(一)未确定中标或者成交供应商的,终止本次政府采购活动,重新开展政府采购活动。(二)已确定中标或者成交供应商但尚未签订政府采购合同的,中标或者成交结果无效,从合格的中标或者成交候选人中另行确定中标或者成交供应商;没有合格的中标或者成交候选人的,重新开展政府采购活动。(三)政府采购合同已签订但尚未履行的,撤销合同,从合格的中标或者成交候选人中另行确定中标或者成交供应商;没有合格的中标或者成交候选人的,重新开展政府采购活动。(四)政府采购合同已经履行,给采购人、供应商造成损失的,由责任人承担赔偿责任。政府采购当事人有其他违反政府采购法或者本条例规定的行为,经改正后仍然影响或者可能影响中标、成交结果或者依法被认定为中标、成交无效的,依照前款规定处理。"

关联参见

《政府采购法实施条例》第71条

第七十四条 【未依法委托集中采购机构法律责任】 采购人对应当实行集中采购的政府采购项目,不委托集中采购机构实行集中采购的,由政府采购监督管理部门责令改正;拒不改正的,停按预算向其支付资金，由其上级行政主管部门或者有关机关依法给予其直接负责的主管人员和其他直接责任人员处分。

条文解读

本条规定了采购人未依法委托集中采购机构代理采购所应承担的法律责任。

集中采购 ➡ 集中采购，是指采购人将列入集中采购目录的项目委托集中采购机构代理采购或者进行部门集中采购的行为。

集中采购机构 ➡ 集中采购机构是设区的市级以上人民政府依法设立的非营利事业法人，是代理集中采购项目的执行机构。集中采购机构应当根据采购人委托制定集中采购项目的实施方案，明确采购规程，组织政府采购活动，不得将集中采购项目转委托。

采购人采购纳入集中采购目录的政府采购项目，必须委托集中采购机构代理采购；采购未纳入集中采购目录的政府采购项目，既可以自行采购，也可以委托集中采购机构在委托的范围内代理采购。纳入集中采购目录属于通用的政府采购项目的，应当委托集中采购机构代理采购；属于本部门、本系统有特殊要求的项目，应当实行部门集中采购；属于本单位有特殊要求的项目，经省级以上人民政府批准，可以自行采购。采购人对应当实行集中采购的政府采购项目，如果不委托集中采购机构实行集中采购，属于违法行为，应当承担相应的法律责任。

关联参见

《政府采购法实施条例》第 4 条、第 12 条第 2 款、第 18 条

第七十五条 【未依法公布采购标准、采购结果法律责任】采购人未依法公布政府采购项目的采购标准和采购结果的，责令改正，对直接负责的主管人员依法给予处分。

条文解读

本条规定了采购人未依法公布政府采购项目采购标准和采购结果所应承担的法律责任。

根据本法的规定，政府采购项目的采购标准应当公开。采用本法规定的采购方式的，采购人在采购活动完成后，应当将采购结果予以公布。采购人未依法公布政府采购项目的采购标准和采购结果的，属于违法行为，应当承担相应的法律责任。

第七十六条 【采购文件保存相关法律责任】 采购人、采购代理机构违反本法规定隐匿、销毁应当保存的采购文件或者伪造、变造采购文件的，由政府采购监督管理部门处以二万元以上十万元以下的罚款，对其直接负责的主管人员和其他直接责任人员依法给予处分；构成犯罪的，依法追究刑事责任。

条文解读

本条规定了采购人、采购代理机构违反规定隐匿、销毁应当保存的采购文件或者伪造、变造采购文件所应承担的法律责任。

采购人、采购代理机构对政府采购项目每项采购活动的采购文件应当妥善保存，不得伪造、变造、隐匿或者销毁。采购文件的保存期限为从采购结束之日起至少保存 15 年。采购人、采购代理机构违反上述规定，隐匿、销毁应当保存的采购文件或者伪造、变造采购文件，就必须承担相应的法律责任。

关联参见

《政府采购法》第 42 条

第七十七条 【供应商违法行为法律责任】供应商有下列情形之一的,处以采购金额千分之五以上千分之十以下的罚款,列入不良行为记录名单,在一至三年内禁止参加政府采购活动,有违法所得的,并处没收违法所得,情节严重的,由工商行政管理机关吊销营业执照;构成犯罪的,依法追究刑事责任:

(一)提供虚假材料谋取中标、成交的;

(二)采取不正当手段诋毁、排挤其他供应商的;

(三)与采购人、其他供应商或者采购代理机构恶意串通的;

(四)向采购人、采购代理机构行贿或者提供其他不正当利益的;

(五)在招标采购过程中与采购人进行协商谈判的;

(六)拒绝有关部门监督检查或者提供虚假情况的。

供应商有前款第(一)至(五)项情形之一的,中标、成交无效。

条文解读

本条规定了供应商违法所应承担的法律责任。除上述情形外,《政府采购法实施条例》还规定了几种需要对供应商依照本条规定追究法律责任的情形。

《政府采购法实施条例》第72条规定:"供应商有下列情形之一的,依照政府采购法第七十七条第一款的规定追究法律责任:(一)向评标委员会、竞争性谈判小组或者询价小组成员行贿或者提供其他不正当利益;(二)中标或者成交后无正当理由拒不与采购人签订政府采购合同;(三)未按照采购文件确定的事项签订政府采购合同;(四)将政府采购合同转包;(五)提供假冒伪劣产品;(六)擅自变更、中止或者终止政府采购合同。供应商有前款第一项规定情形的,中标、成交无效。评审阶段资格发生变化,供应商未依照本条例第二十一条的规定通知采购人和采购代理机构的,处以采购金额5‰的罚款,列入不良行为记录名单,中标、成交无效。"

《政府采购法实施条例》第74条规定:"有下列情形之一的,属于恶意串通，对供应商依照政府采购法第七十七条第一款的规定追究法律责任，对采购人、采购代理机构及其工作人员依照政府采购法第七十二条的规定追究法律责任：（一）供应商直接或者间接从采购人或者采购代理机构处获得其他供应商的相关情况并修改其投标文件或者响应文件；（二）供应商按照采购人或者采购代理机构的授意撤换、修改投标文件或者响应文件；（三）供应商之间协商报价、技术方案等投标文件或者响应文件的实质性内容；（四）属于同一集团、协会、商会等组织成员的供应商按照该组织要求协同参加政府采购活动；（五）供应商之间事先约定由某一特定供应商中标、成交；（六）供应商之间商定部分供应商放弃参加政府采购活动或者放弃中标、成交；（七）供应商与采购人或者采购代理机构之间、供应商相互之间，为谋求特定供应商中标、成交或者排斥其他供应商的其他串通行为。"

关联参见

《政府采购法实施条例》第72条、第74条

第七十八条 【违法代理法律责任】采购代理机构在代理政府采购业务中有违法行为的，按照有关法律规定处以罚款，可以在一至三年内禁止其代理政府采购业务，构成犯罪的，依法追究刑事责任。

条文解读

本条规定了采购代理机构违法代理政府采购业务所应承担的法律责任。

采购代理机构 ➔ 采购代理机构，是指集中采购机构和集中采购机构以外的采购代理机构。采购代理机构不得以不正当手段获取政府采购代理业务，不得与采购人、供应商恶意串通操纵政府采购活动。采购代理机构工作人员不得接受采购人或者供应商组织的宴请、旅游、娱乐，也不得收受礼品、现金、有价证券等，不得向采购人或者供应商报销应

当由个人承担的费用。

采购代理机构在代理政府采购业务中，必须遵守本法关于采购代理机构的规定，同时还要遵守相关法律规定，采购代理机构在代理政府采购业务中有违法行为的，应当承担相应的法律责任。

关联参见

《政府采购法实施条例》第12条、第14条、第73条

第七十九条　【民事赔偿责任】 政府采购当事人有本法第七十一条、第七十二条、第七十七条违法行为之一，给他人造成损失的，并应依照有关民事法律规定承担民事责任。

条文解读

本条规定了政府采购当事人的违法行为给他人造成损失所应承担的法律责任。

无论政府采购当事人有哪种违法行为，只要使采购活动终止，采购合同撤销，或者使中标、成交被确认无效，都有可能给他人造成损失。在这种情况下，有责任的一方政府采购当事人应当承担民事责任。

第八十条　【违法监督法律责任】 政府采购监督管理部门的工作人员在实施监督检查中违反本法规定滥用职权，玩忽职守，徇私舞弊的，依法给予行政处分；构成犯罪的，依法追究刑事责任。

条文解读

本条规定了政府采购监督管理部门的工作人员在实施监督检查中违法所应承担的法律责任。

依法对政府采购活动实施监督检查，是政府采购监督管理部门的法定义务，政府采购监督管理部门的工作人员应当履行监督检查义务，在

实施监督检查中,不得滥用职权,玩忽职守,徇私舞弊。否则,就应当承担相应的法律责任。

第八十一条 【投诉逾期未作处理的法律责任】政府采购监督管理部门对供应商的投诉逾期未作处理的,给予直接负责的主管人员和其他直接责任人员行政处分。

条文解读

建立投诉制度,是保护供应商合法权益,发挥供应商监督作用,确保采购活动健康进行的重大措施。提出投诉是供应商的法定权利,接受投诉并依法处理是政府采购监督管理部门的法定义务。政府采购监督管理部门应当在收到投诉后30个工作日内,对投诉事项作出处理决定,并以书面形式通知投诉人和与投诉事项有关的当事人。政府采购监督管理部门对供应商的投诉逾期未作处理,应当承担相应的法律责任。

关联参见

《政府采购法》第56条

第八十二条 【业绩考核违法行为法律责任】政府采购监督管理部门对集中采购机构业绩的考核,有虚假陈述,隐瞒真实情况的,或者不作定期考核和公布考核结果的,应当及时纠正,由其上级机关或者监察机关对其负责人进行通报,并对直接负责的人员依法给予行政处分。

集中采购机构在政府采购监督管理部门考核中,虚报业绩,隐瞒真实情况的,处以二万元以上二十万元以下的罚款,并予以通报;情节严重的,取消其代理采购的资格。

第八十三条 【阻挠和限制供应商的法律责任】任何单位或者个人阻挠和限制供应商进入本地区或者本行业政府采购市场的,

责令限期改正；拒不改正的，由该单位、个人的上级行政主管部门或者有关机关给予单位责任人或者个人处分。

第九章 附　则

第八十四条　【使用国际组织和外国政府贷款的法律适用】使用国际组织和外国政府贷款进行的政府采购，贷款方、资金提供方与中方达成的协议对采购的具体条件另有规定的，可以适用其规定，但不得损害国家利益和社会公共利益。

第八十五条　【紧急采购和涉及国家安全和秘密的采购】对因严重自然灾害和其他不可抗力事件所实施的紧急采购和涉及国家安全和秘密的采购，不适用本法。

▌条文解读

本条规定了因严重自然灾害和其他不可抗力事件所实施的紧急采购和涉及国家安全和秘密的采购的法律适用问题。

在发生严重自然灾害和其他不可抗力事件时，如发生地震、水灾、火灾、战争等，如果仍然按照规定的方式和程序进行采购，就无法满足实际需要。同时，在涉及国家政治、经济、社会等方面安全和秘密的情况下，不宜按照本法规定的方式和程序进行公开采购。因此，有必要对因严重自然灾害和其他不可抗力事件所实施的紧急采购和涉及国家安全和秘密的采购等特殊情况作出不适用本法的例外规定。

第八十六条　【军事采购】军事采购法规由中央军事委员会另行制定。

第八十七条　【实施办法的制定】本法实施的具体步骤和办法由国务院规定。

第八十八条　【施行日期】本法自 2003 年 1 月 1 日起施行。

法律法规新解读丛书

关联法规

政府采购法
解读与应用

中华人民共和国政府采购法实施条例

- 2014年12月31日国务院第75次常务会议通过
- 2015年1月30日中华人民共和国国务院令第658号公布
- 自2015年3月1日起施行

第一章 总 则

第一条 根据《中华人民共和国政府采购法》（以下简称政府采购法），制定本条例。

第二条 政府采购法第二条所称财政性资金是指纳入预算管理的资金。

以财政性资金作为还款来源的借贷资金，视同财政性资金。

国家机关、事业单位和团体组织的采购项目既使用财政性资金又使用非财政性资金的，使用财政性资金采购的部分，适用政府采购法及本条例；财政性资金与非财政性资金无法分割采购的，统一适用政府采购法及本条例。

政府采购法第二条所称服务，包括政府自身需要的服务和政府向社会公众提供的公共服务。

第三条 集中采购目录包括集中采购机构采购项目和部门集中采购项目。

技术、服务等标准统一，采购人普遍使用的项目，列为集中采购机构采购项目；采购人本部门、本系统基于业务需要有特殊要求，可以统一采购的项目，列为部门集中采购项目。

第四条 政府采购法所称集中采购，是指采购人将列入集中采购目录的项目委托集中采购机构代理采购或者进行部门集中采购的行为；所称分散采购，是指采购人将采购限额标准以上的未列入集中采购目录的项目自行采购或者委托采购代理机构代理采购的行为。

第五条 省、自治区、直辖市人民政府或者其授权的机构根据实际情况，可以确定分别适用于本行政区域省级、设区的市级、县级的集中采购目录和采购限额标准。

第六条 国务院财政部门应当根据国家的经济和社会发展政策，会同国务院有关部门制定政府采购政策，通过制定采购需求标准、预留采购份额、价格评审优惠、优先采购等措施，实现节约能源、保护环境、扶持不发达地区和少数民族地区、促进中小企业发展等目标。

第七条 政府采购工程以及与工程建设有关的货物、服务，采用招标方式采购的，适用《中华人民共和国招标投标法》及其实施条例；采用其他方式采购的，适用政府采购法及本条例。

前款所称工程，是指建设工程，包括建筑物和构筑物的新建、改建、扩建及其相关的装修、拆除、修缮等；所称与工程建设有关的货物，是指构成工程不可分割的组成部分，且为实现工程基本功能所必需的设备、材料等；所称与工程建设有关的服务，是指为完成工程所需的勘察、设计、监理等服务。

政府采购工程以及与工程建设有关的货物、服务，应当执行政府采购政策。

第八条 政府采购项目信息应当在省级以上人民政府财政部门指定的媒体上发布。采购项目预算金额达到国务院财政部门规定标准的，政府采购项目信息应当在国务院财政部门指定的媒体上发布。

第九条 在政府采购活动中，采购人员及相关人员与供应商有下列利害关系之一的，应当回避：

（一）参加采购活动前3年内与供应商存在劳动关系；

（二）参加采购活动前3年内担任供应商的董事、监事；

（三）参加采购活动前3年内是供应商的控股股东或者实际控制人；

（四）与供应商的法定代表人或者负责人有夫妻、直系血亲、三代以内旁系血亲或者近姻亲关系；

（五）与供应商有其他可能影响政府采购活动公平、公正进行的关系。

供应商认为采购人员及相关人员与其他供应商有利害关系的，可以向采购人或者采购代理机构书面提出回避申请，并说明理由。采购人或者采购代理机构应当及时询问被申请回避人员，有利害关系的被申请回避人员应当回避。

第十条 国家实行统一的政府采购电子交易平台建设标准，推动利用信息网络进行电子化政府采购活动。

第二章 政府采购当事人

第十一条 采购人在政府采购活动中应当维护国家利益和社会公共利益，公正廉洁，诚实守信，执行政府采购政策，建立政府采购内部管理制度，厉行节约，科学合理确定采购需求。

采购人不得向供应商索要或者接受其给予的赠品、回扣或者与采购无关的其他商品、服务。

第十二条 政府采购法所称采购代理机构，是指集中采购机构和集中采购机构以外的采购代理机构。

集中采购机构是设区的市级以上人民政府依法设立的非营利事业法人，是代理集中采购项目的执行机构。集中采购机构应当根据采购人委托制定集中采购项目的实施方案，明确采购规程，组织政府采购活动，不得将集中采购项目转委托。集中采购机构以外的采购代理机构，是从事采购代理业务的社会中介机构。

第十三条 采购代理机构应当建立完善的政府采购内部监督管理制度，具备开展政府采购业务所需的评审条件和设施。

采购代理机构应当提高确定采购需求，编制招标文件、谈判文件、询价通知书，拟订合同文本和优化采购程序的专业化服务水平，根据采购人委托在规定的时间内及时组织采购人与中标或者成交供应商签订政府采购合同，及时协助采购人对采购项目进行验收。

第十四条　采购代理机构不得以不正当手段获取政府采购代理业务，不得与采购人、供应商恶意串通操纵政府采购活动。

采购代理机构工作人员不得接受采购人或者供应商组织的宴请、旅游、娱乐，不得收受礼品、现金、有价证券等，不得向采购人或者供应商报销应当由个人承担的费用。

第十五条　采购人、采购代理机构应当根据政府采购政策、采购预算、采购需求编制采购文件。

采购需求应当符合法律法规以及政府采购政策规定的技术、服务、安全等要求。政府向社会公众提供的公共服务项目，应当就确定采购需求征求社会公众的意见。除因技术复杂或者性质特殊，不能确定详细规格或者具体要求外，采购需求应当完整、明确。必要时，应当就确定采购需求征求相关供应商、专家的意见。

第十六条　政府采购法第二十条规定的委托代理协议，应当明确代理采购的范围、权限和期限等具体事项。

采购人和采购代理机构应当按照委托代理协议履行各自义务，采购代理机构不得超越代理权限。

第十七条　参加政府采购活动的供应商应当具备政府采购法第二十二条第一款规定的条件，提供下列材料：

（一）法人或者其他组织的营业执照等证明文件，自然人的身份证明；

（二）财务状况报告，依法缴纳税收和社会保障资金的相关材料；

（三）具备履行合同所必需的设备和专业技术能力的证明材料；

（四）参加政府采购活动前3年内在经营活动中没有重大违法记录的书面声明；

（五）具备法律、行政法规规定的其他条件的证明材料。

采购项目有特殊要求的，供应商还应当提供其符合特殊要求的证明材料或者情况说明。

第十八条　单位负责人为同一人或者存在直接控股、管理关系的不同供应商,不得参加同一合同项下的政府采购活动。

除单一来源采购项目外,为采购项目提供整体设计、规范编制或者项目管理、监理、检测等服务的供应商,不得再参加该采购项目的其他采购活动。

第十九条　政府采购法第二十二条第一款第五项所称重大违法记录,是指供应商因违法经营受到刑事处罚或者责令停产停业、吊销许可证或者执照、较大数额罚款等行政处罚。

供应商在参加政府采购活动前3年内因违法经营被禁止在一定期限内参加政府采购活动,期限届满的,可以参加政府采购活动。

第二十条　采购人或者采购代理机构有下列情形之一的,属于以不合理的条件对供应商实行差别待遇或者歧视待遇:

(一) 就同一采购项目向供应商提供有差别的项目信息;

(二) 设定的资格、技术、商务条件与采购项目的具体特点和实际需要不相适应或者与合同履行无关;

(三) 采购需求中的技术、服务等要求指向特定供应商、特定产品;

(四) 以特定行政区域或者特定行业的业绩、奖项作为加分条件或者中标、成交条件;

(五) 对供应商采取不同的资格审查或者评审标准;

(六) 限定或者指定特定的专利、商标、品牌或者供应商;

(七) 非法限定供应商的所有制形式、组织形式或者所在地;

(八) 以其他不合理条件限制或者排斥潜在供应商。

第二十一条　采购人或者采购代理机构对供应商进行资格预审的,资格预审公告应当在省级以上人民政府财政部门指定的媒体上发布。已进行资格预审的,评审阶段可以不再对供应商资格进行审查。资格预审合格的供应商在评审阶段资格发生变化的,应当通知采购人和采购代理机构。

资格预审公告应当包括采购人和采购项目名称、采购需求、对供应商的资格要求以及供应商提交资格预审申请文件的时间和地点。提交资格预审申请文件的时间自公告发布之日起不得少于5个工作日。

第二十二条 联合体中有同类资质的供应商按照联合体分工承担相同工作的,应当按照资质等级较低的供应商确定资质等级。

以联合体形式参加政府采购活动的,联合体各方不得再单独参加或者与其他供应商另外组成联合体参加同一合同项下的政府采购活动。

第三章 政府采购方式

第二十三条 采购人采购公开招标数额标准以上的货物或者服务,符合政府采购法第二十九条、第三十条、第三十一条、第三十二条规定情形或者有需要执行政府采购政策等特殊情况的,经设区的市级以上人民政府财政部门批准,可以依法采用公开招标以外的采购方式。

第二十四条 列入集中采购目录的项目,适合实行批量集中采购的,应当实行批量集中采购,但紧急的小额零星货物项目和有特殊要求的服务、工程项目除外。

第二十五条 政府采购工程依法不进行招标的,应当依照政府采购法和本条例规定的竞争性谈判或者单一来源采购方式采购。

第二十六条 政府采购法第三十条第三项规定的情形,应当是采购人不可预见的或者非因采购人拖延导致的;第四项规定的情形,是指因采购艺术品或者因专利、专有技术或者因服务的时间、数量事先不能确定等导致不能事先计算出价格总额。

第二十七条 政府采购法第三十一条第一项规定的情形,是指因货物或者服务使用不可替代的专利、专有技术,或者公共服务项目具有特殊要求,导致只能从某一特定供应商处采购。

第二十八条 在一个财政年度内,采购人将一个预算项目下的同一品目或者类别的货物、服务采用公开招标以外的方式多次采购,累计资金数额超过公开招标数额标准的,属于以化整为零方式规避公开招标,但项目预算调整或者经批准采用公开招标以外方式采购除外。

第四章　政府采购程序

第二十九条　采购人应当根据集中采购目录、采购限额标准和已批复的部门预算编制政府采购实施计划，报本级人民政府财政部门备案。

第三十条　采购人或者采购代理机构应当在招标文件、谈判文件、询价通知书中公开采购项目预算金额。

第三十一条　招标文件的提供期限自招标文件开始发出之日起不得少于5个工作日。

采购人或者采购代理机构可以对已发出的招标文件进行必要的澄清或者修改。澄清或者修改的内容可能影响投标文件编制的，采购人或者采购代理机构应当在投标截止时间至少15日前，以书面形式通知所有获取招标文件的潜在投标人；不足15日的，采购人或者采购代理机构应当顺延提交投标文件的截止时间。

第三十二条　采购人或者采购代理机构应当按照国务院财政部门制定的招标文件标准文本编制招标文件。

招标文件应当包括采购项目的商务条件、采购需求、投标人的资格条件、投标报价要求、评标方法、评标标准以及拟签订的合同文本等。

第三十三条　招标文件要求投标人提交投标保证金的，投标保证金不得超过采购项目预算金额的2%。投标保证金应当以支票、汇票、本票或者金融机构、担保机构出具的保函等非现金形式提交。投标人未按照招标文件要求提交投标保证金的，投标无效。

采购人或者采购代理机构应当自中标通知书发出之日起5个工作日内退还未中标供应商的投标保证金，自政府采购合同签订之日起5个工作日内退还中标供应商的投标保证金。

竞争性谈判或者询价采购中要求参加谈判或者询价的供应商提交保证金的，参照前两款的规定执行。

第三十四条　政府采购招标评标方法分为最低评标价法和综合评分法。

最低评标价法，是指投标文件满足招标文件全部实质性要求且投标报价最低的供应商为中标候选人的评标方法。综合评分法，是指投标文件满足招标文件全部实质性要求且按照评审因素的量化指标评审得分最高的供应商为中标候选人的评标方法。

技术、服务等标准统一的货物和服务项目，应当采用最低评标价法。

采用综合评分法的，评审标准中的分值设置应当与评审因素的量化指标相对应。

招标文件中没有规定的评标标准不得作为评审的依据。

第三十五条　谈判文件不能完整、明确列明采购需求，需要由供应商提供最终设计方案或者解决方案的，在谈判结束后，谈判小组应当按照少数服从多数的原则投票推荐3家以上供应商的设计方案或者解决方案，并要求其在规定时间内提交最后报价。

第三十六条　询价通知书应当根据采购需求确定政府采购合同条款。在询价过程中，询价小组不得改变询价通知书所确定的政府采购合同条款。

第三十七条　政府采购法第三十八条第五项、第四十条第四项所称质量和服务相等，是指供应商提供的产品质量和服务均能满足采购文件规定的实质性要求。

第三十八条　达到公开招标数额标准，符合政府采购法第三十一条第一项规定情形，只能从唯一供应商处采购的，采购人应当将采购项目信息和唯一供应商名称在省级以上人民政府财政部门指定的媒体上公示，公示期不得少于5个工作日。

第三十九条　除国务院财政部门规定的情形外，采购人或者采购代理机构应当从政府采购评审专家库中随机抽取评审专家。

第四十条　政府采购评审专家应当遵守评审工作纪律，不得泄露评审文件、评审情况和评审中获悉的商业秘密。

评标委员会、竞争性谈判小组或者询价小组在评审过程中发现供应商有行贿、提供虚假材料或者串通等违法行为的,应当及时向财政部门报告。

政府采购评审专家在评审过程中受到非法干预的,应当及时向财政、监察等部门举报。

第四十一条 评标委员会、竞争性谈判小组或者询价小组成员应当按照客观、公正、审慎的原则,根据采购文件规定的评审程序、评审方法和评审标准进行独立评审。采购文件内容违反国家有关强制性规定的,评标委员会、竞争性谈判小组或者询价小组应当停止评审并向采购人或者采购代理机构说明情况。

评标委员会、竞争性谈判小组或者询价小组成员应当在评审报告上签字,对自己的评审意见承担法律责任。对评审报告有异议的,应当在评审报告上签署不同意见,并说明理由,否则视为同意评审报告。

第四十二条 采购人、采购代理机构不得向评标委员会、竞争性谈判小组或者询价小组的评审专家作倾向性、误导性的解释或者说明。

第四十三条 采购代理机构应当自评审结束之日起2个工作日内将评审报告送交采购人。采购人应当自收到评审报告之日起5个工作日内在评审报告推荐的中标或者成交候选人中按顺序确定中标或者成交供应商。

采购人或者采购代理机构应当自中标、成交供应商确定之日起2个工作日内,发出中标、成交通知书,并在省级以上人民政府财政部门指定的媒体上公告中标、成交结果,招标文件、竞争性谈判文件、询价通知书随中标、成交结果同时公告。

中标、成交结果公告内容应当包括采购人和采购代理机构的名称、地址、联系方式,项目名称和项目编号,中标或者成交供应商名称、地址和中标或者成交金额,主要中标或者成交标的的名称、规格型号、数量、单价、服务要求以及评审专家名单。

第四十四条 除国务院财政部门规定的情形外,采购人、采购代理机构不得以任何理由组织重新评审。采购人、采购代理机构按照国务院财政部门的规定组织重新评审的,应当书面报告本级人民政府财政部门。

采购人或者采购代理机构不得通过对样品进行检测、对供应商进行考察等方式改变评审结果。

第四十五条 采购人或者采购代理机构应当按照政府采购合同规定的技术、服务、安全标准组织对供应商履约情况进行验收,并出具验收书。验收书应当包括每一项技术、服务、安全标准的履约情况。

政府向社会公众提供的公共服务项目,验收时应当邀请服务对象参与并出具意见,验收结果应当向社会公告。

第四十六条 政府采购法第四十二条规定的采购文件,可以用电子档案方式保存。

第五章 政府采购合同

第四十七条 国务院财政部门应当会同国务院有关部门制定政府采购合同标准文本。

第四十八条 采购文件要求中标或者成交供应商提交履约保证金的,供应商应当以支票、汇票、本票或者金融机构、担保机构出具的保函等非现金形式提交。履约保证金的数额不得超过政府采购合同金额的 10%。

第四十九条 中标或者成交供应商拒绝与采购人签订合同的,采购人可以按照评审报告推荐的中标或者成交候选人名单排序,确定下一候选人为中标或者成交供应商,也可以重新开展政府采购活动。

第五十条 采购人应当自政府采购合同签订之日起 2 个工作日内,将政府采购合同在省级以上人民政府财政部门指定的媒体上公告,但政府采购合同中涉及国家秘密、商业秘密的内容除外。

第五十一条 采购人应当按照政府采购合同规定,及时向中标或者成交供应商支付采购资金。

政府采购项目资金支付程序,按照国家有关财政资金支付管理的规定执行。

第六章 质疑与投诉

第五十二条 采购人或者采购代理机构应当在3个工作日内对供应商依法提出的询问作出答复。

供应商提出的询问或者质疑超出采购人对采购代理机构委托授权范围的,采购代理机构应当告知供应商向采购人提出。

政府采购评审专家应当配合采购人或者采购代理机构答复供应商的询问和质疑。

第五十三条 政府采购法第五十二条规定的供应商应知其权益受到损害之日,是指:

(一)对可以质疑的采购文件提出质疑的,为收到采购文件之日或者采购文件公告期限届满之日;

(二)对采购过程提出质疑的,为各采购程序环节结束之日;

(三)对中标或者成交结果提出质疑的,为中标或者成交结果公告期限届满之日。

第五十四条 询问或者质疑事项可能影响中标、成交结果的,采购人应当暂停签订合同,已经签订合同的,应当中止履行合同。

第五十五条 供应商质疑、投诉应当有明确的请求和必要的证明材料。供应商投诉的事项不得超出已质疑事项的范围。

第五十六条 财政部门处理投诉事项采用书面审查的方式,必要时可以进行调查取证或者组织质证。

对财政部门依法进行的调查取证,投诉人和与投诉事项有关的当事人应当如实反映情况,并提供相关材料。

第五十七条 投诉人捏造事实、提供虚假材料或者以非法手段取得证明材料进行投诉的,财政部门应当予以驳回。

财政部门受理投诉后,投诉人书面申请撤回投诉的,财政部门应当终止投诉处理程序。

第五十八条 财政部门处理投诉事项,需要检验、检测、鉴定、专家评审以及需要投诉人补正材料的，所需时间不计算在投诉处理期限内。

财政部门对投诉事项作出的处理决定，应当在省级以上人民政府财政部门指定的媒体上公告。

第七章　监督检查

第五十九条　政府采购法第六十三条所称政府采购项目的采购标准，是指项目采购所依据的经费预算标准、资产配置标准和技术、服务标准等。

第六十条　除政府采购法第六十六条规定的考核事项外，财政部门对集中采购机构的考核事项还包括：

（一）政府采购政策的执行情况；

（二）采购文件编制水平；

（三）采购方式和采购程序的执行情况；

（四）询问、质疑答复情况；

（五）内部监督管理制度建设及执行情况；

（六）省级以上人民政府财政部门规定的其他事项。

财政部门应当制定考核计划，定期对集中采购机构进行考核，考核结果有重要情况的，应当向本级人民政府报告。

第六十一条　采购人发现采购代理机构有违法行为的，应当要求其改正。采购代理机构拒不改正的，采购人应当向本级人民政府财政部门报告，财政部门应当依法处理。

采购代理机构发现采购人的采购需求存在以不合理条件对供应商实行差别待遇、歧视待遇或者其他不符合法律、法规和政府采购政策规定内容，或者发现采购人有其他违法行为的，应当建议其改正。采购人拒不改正的，采购代理机构应当向采购人的本级人民政府财政部门报告，财政部门应当依法处理。

第六十二条　省级以上人民政府财政部门应当对政府采购评审专家

库实行动态管理，具体管理办法由国务院财政部门制定。

采购人或者采购代理机构应当对评审专家在政府采购活动中的职责履行情况予以记录，并及时向财政部门报告。

第六十三条　各级人民政府财政部门和其他有关部门应当加强对参加政府采购活动的供应商、采购代理机构、评审专家的监督管理，对其不良行为予以记录，并纳入统一的信用信息平台。

第六十四条　各级人民政府财政部门对政府采购活动进行监督检查，有权查阅、复制有关文件、资料，相关单位和人员应当予以配合。

第六十五条　审计机关、监察机关以及其他有关部门依法对政府采购活动实施监督，发现采购当事人有违法行为的，应当及时通报财政部门。

第八章　法 律 责 任

第六十六条　政府采购法第七十一条规定的罚款，数额为10万元以下。

政府采购法第七十二条规定的罚款，数额为5万元以上25万元以下。

第六十七条　采购人有下列情形之一的，由财政部门责令限期改正，给予警告，对直接负责的主管人员和其他直接责任人员依法给予处分，并予以通报：

（一）未按照规定编制政府采购实施计划或者未按照规定将政府采购实施计划报本级人民政府财政部门备案；

（二）将应当进行公开招标的项目化整为零或者以其他任何方式规避公开招标；

（三）未按照规定在评标委员会、竞争性谈判小组或者询价小组推荐的中标或者成交候选人中确定中标或者成交供应商；

（四）未按照采购文件确定的事项签订政府采购合同；

（五）政府采购合同履行中追加与合同标的相同的货物、工程或者服务的采购金额超过原合同采购金额10%；

（六）擅自变更、中止或者终止政府采购合同；

（七）未按照规定公告政府采购合同；

（八）未按照规定时间将政府采购合同副本报本级人民政府财政部门和有关部门备案。

第六十八条 采购人、采购代理机构有下列情形之一的，依照政府采购法第七十一条、第七十八条的规定追究法律责任：

（一）未依照政府采购法和本条例规定的方式实施采购；

（二）未依法在指定的媒体上发布政府采购项目信息；

（三）未按照规定执行政府采购政策；

（四）违反本条例第十五条的规定导致无法组织对供应商履约情况进行验收或者国家财产遭受损失；

（五）未依法从政府采购评审专家库中抽取评审专家；

（六）非法干预采购评审活动；

（七）采用综合评分法时评审标准中的分值设置未与评审因素的量化指标相对应；

（八）对供应商的询问、质疑逾期未作处理；

（九）通过对样品进行检测、对供应商进行考察等方式改变评审结果；

（十）未按照规定组织对供应商履约情况进行验收。

第六十九条 集中采购机构有下列情形之一的，由财政部门责令限期改正，给予警告，有违法所得的，并处没收违法所得，对直接负责的主管人员和其他直接责任人员依法给予处分，并予以通报：

（一）内部监督管理制度不健全，对依法应当分设、分离的岗位、人员未分设、分离；

（二）将集中采购项目委托其他采购代理机构采购；

（三）从事营利活动。

第七十条 采购人员与供应商有利害关系而不依法回避的，由财政部门给予警告，并处2000元以上2万元以下的罚款。

第七十一条 有政府采购法第七十一条、第七十二条规定的违法行为之一,影响或者可能影响中标、成交结果的,依照下列规定处理:

(一)未确定中标或者成交供应商的,终止本次政府采购活动,重新开展政府采购活动。

(二)已确定中标或者成交供应商但尚未签订政府采购合同的,中标或者成交结果无效,从合格的中标或者成交候选人中另行确定中标或者成交供应商;没有合格的中标或者成交候选人的,重新开展政府采购活动。

(三)政府采购合同已签订但尚未履行的,撤销合同,从合格的中标或者成交候选人中另行确定中标或者成交供应商;没有合格的中标或者成交候选人的,重新开展政府采购活动。

(四)政府采购合同已经履行,给采购人、供应商造成损失的,由责任人承担赔偿责任。

政府采购当事人有其他违反政府采购法或者本条例规定的行为,经改正后仍然影响或者可能影响中标、成交结果或者依法被认定为中标、成交无效的,依照前款规定处理。

第七十二条 供应商有下列情形之一的,依照政府采购法第七十七条第一款的规定追究法律责任:

(一)向评标委员会、竞争性谈判小组或者询价小组成员行贿或者提供其他不正当利益;

(二)中标或者成交后无正当理由拒不与采购人签订政府采购合同;

(三)未按照采购文件确定的事项签订政府采购合同;

(四)将政府采购合同转包;

(五)提供假冒伪劣产品;

(六)擅自变更、中止或者终止政府采购合同。

供应商有前款第一项规定情形的,中标、成交无效。评审阶段资格发生变化,供应商未依照本条例第二十一条的规定通知采购人和采购代理机构的,处以采购金额5‰的罚款,列入不良行为记录名单,中标、成交无效。

第七十三条 供应商捏造事实、提供虚假材料或者以非法手段取得证明材料进行投诉的，由财政部门列入不良行为记录名单，禁止其1至3年内参加政府采购活动。

第七十四条 有下列情形之一的，属于恶意串通，对供应商依照政府采购法第七十七条第一款的规定追究法律责任，对采购人、采购代理机构及其工作人员依照政府采购法第七十二条的规定追究法律责任：

（一）供应商直接或者间接从采购人或者采购代理机构处获得其他供应商的相关情况并修改其投标文件或者响应文件；

（二）供应商按照采购人或者采购代理机构的授意撤换、修改投标文件或者响应文件；

（三）供应商之间协商报价、技术方案等投标文件或者响应文件的实质性内容；

（四）属于同一集团、协会、商会等组织成员的供应商按照该组织要求协同参加政府采购活动；

（五）供应商之间事先约定由某一特定供应商中标、成交；

（六）供应商之间商定部分供应商放弃参加政府采购活动或者放弃中标、成交；

（七）供应商与采购人或者采购代理机构之间、供应商相互之间，为谋求特定供应商中标、成交或者排斥其他供应商的其他串通行为。

第七十五条 政府采购评审专家未按照采购文件规定的评审程序、评审方法和评审标准进行独立评审或者泄露评审文件、评审情况的，由财政部门给予警告，并处2000元以上2万元以下的罚款；影响中标、成交结果的，处2万元以上5万元以下的罚款，禁止其参加政府采购评审活动。

政府采购评审专家与供应商存在利害关系未回避的，处2万元以上5万元以下的罚款，禁止其参加政府采购评审活动。

政府采购评审专家收受采购人、采购代理机构、供应商贿赂或者获取其他不正当利益,构成犯罪的,依法追究刑事责任;尚不构成犯罪的,处2万元以上5万元以下的罚款,禁止其参加政府采购评审活动。

政府采购评审专家有上述违法行为的,其评审意见无效,不得获取评审费;有违法所得的,没收违法所得;给他人造成损失的,依法承担民事责任。

第七十六条 政府采购当事人违反政府采购法和本条例规定,给他人造成损失的,依法承担民事责任。

第七十七条 财政部门在履行政府采购监督管理职责中违反政府采购法和本条例规定,滥用职权、玩忽职守、徇私舞弊的,对直接负责的主管人员和其他直接责任人员依法给予处分;直接负责的主管人员和其他直接责任人员构成犯罪的,依法追究刑事责任。

第九章 附 则

第七十八条 财政管理实行省直接管理的县级人民政府可以根据需要并报经省级人民政府批准,行使政府采购法和本条例规定的设区的市级人民政府批准变更采购方式的职权。

第七十九条 本条例自2015年3月1日起施行。

政府采购信息发布管理办法

·2019年11月27日财政部令第101号公布
·自2020年3月1日起施行

第一条 为了规范政府采购信息发布行为,提高政府采购透明度,根据《中华人民共和国政府采购法》《中华人民共和国政府采购法实施条例》等有关法律、行政法规,制定本办法。

第二条 政府采购信息发布,适用本办法。

第三条 本办法所称政府采购信息,是指依照政府采购有关法律制度规定应予公开的公开招标公告、资格预审公告、单一来源采购公示、中标(成交)结果公告、政府采购合同公告等政府采购项目信息,以及投诉处理结果、监督检查处理结果、集中采购机构考核结果等政府采购监管信息。

第四条 政府采购信息发布应当遵循格式规范统一、渠道相对集中、便于查找获得的原则。

第五条 财政部指导和协调全国政府采购信息发布工作,并依照政府采购法律、行政法规有关规定,对中央预算单位的政府采购信息发布活动进行监督管理。

地方各级人民政府财政部门(以下简称财政部门)对本级预算单位的政府采购信息发布活动进行监督管理。

第六条 财政部对中国政府采购网进行监督管理。省级(自治区、直辖市、计划单列市)财政部门对中国政府采购网省级分网进行监督管理。

第七条 政府采购信息应当按照财政部规定的格式编制。

第八条 中央预算单位政府采购信息应当在中国政府采购网发布,地方预算单位政府采购信息应当在所在行政区域的中国政府采购网省级分网发布。

除中国政府采购网及其省级分网以外,政府采购信息可以在省级以上财政部门指定的其他媒体同步发布。

第九条 财政部门、采购人和其委托的采购代理机构(以下统称发布主体)应当对其提供的政府采购信息的真实性、准确性、合法性负责。

中国政府采购网及其省级分网和省级以上财政部门指定的其他媒体(以下统称指定媒体)应当对其收到的政府采购信息发布的及时性、完整性负责。

第十条 发布主体发布政府采购信息不得有虚假和误导性陈述,不得遗漏依法必须公开的事项。

第十一条　发布主体应当确保其在不同媒体发布的同一政府采购信息内容一致。

在不同媒体发布的同一政府采购信息内容、时间不一致的，以在中国政府采购网或者其省级分网发布的信息为准。同时在中国政府采购网和省级分网发布的，以在中国政府采购网上发布的信息为准。

第十二条　指定媒体应当采取必要措施，对政府采购信息发布主体的身份进行核验。

第十三条　指定媒体应当及时发布收到的政府采购信息。

中国政府采购网或者其省级分网应当自收到政府采购信息起1个工作日内发布。

第十四条　指定媒体应当加强安全防护，确保发布的政府采购信息不被篡改、不遗漏，不得擅自删除或者修改信息内容。

第十五条　指定媒体应当向发布主体免费提供信息发布服务，不得向市场主体和社会公众收取信息查阅费用。

第十六条　采购人或者其委托的采购代理机构未依法在指定媒体上发布政府采购项目信息的，依照政府采购法实施条例第六十八条追究法律责任。

采购人或者其委托的采购代理机构存在其他违反本办法规定行为的，由县级以上财政部门依法责令限期改正，给予警告，对直接负责的主管人员和其他直接责任人员，建议其行政主管部门或者有关机关依法依规处理，并予通报。

第十七条　指定媒体违反本办法规定的，由实施指定行为的省级以上财政部门依法责令限期改正，对直接负责的主管人员和其他直接责任人员，建议其行政主管部门或者有关机关依法依规处理，并予通报。

第十八条　财政部门及其工作人员在政府采购信息发布活动中存在懒政怠政、滥用职权、玩忽职守、徇私舞弊等违法违纪行为的，依照《中华人民共和国政府采购法》《中华人民共和国公务员法》《中华人民共和国监察法》《中华人民共和国政府采购法实施条例》等国家有关规定追究相应责任;涉嫌犯罪的,依法移送有关国家机关处理。

第十九条 涉密政府采购项目信息发布,依照国家有关规定执行。

第二十条 省级财政部门可以根据本办法制定具体实施办法。

第二十一条 本办法自 2020 年 3 月 1 日起施行。财政部 2004 年 9 月 11 日颁布实施的《政府采购信息公告管理办法》(财政部令第 19 号)同时废止。

政府采购质疑和投诉办法

- 2017 年 12 月 26 日财政部令第 94 号公布
- 自 2018 年 3 月 1 日起施行

第一章 总 则

第一条 为了规范政府采购质疑和投诉行为,保护参加政府采购活动当事人的合法权益,根据《中华人民共和国政府采购法》《中华人民共和国政府采购法实施条例》和其他有关法律法规规定,制定本办法。

第二条 本办法适用于政府采购质疑的提出和答复、投诉的提起和处理。

第三条 政府采购供应商(以下简称供应商)提出质疑和投诉应当坚持依法依规、诚实信用原则。

第四条 政府采购质疑答复和投诉处理应当坚持依法依规、权责对等、公平公正、简便高效原则。

第五条 采购人负责供应商质疑答复。采购人委托采购代理机构采购的,采购代理机构在委托授权范围内作出答复。

县级以上各级人民政府财政部门(以下简称财政部门)负责依法处理供应商投诉。

第六条 供应商投诉按照采购人所属预算级次,由本级财政部门处理。

跨区域联合采购项目的投诉，采购人所属预算级次相同的，由采购文件事先约定的财政部门负责处理，事先未约定的，由最先收到投诉的财政部门负责处理；采购人所属预算级次不同的，由预算级次最高的财政部门负责处理。

第七条　采购人、采购代理机构应当在采购文件中载明接收质疑函的方式、联系部门、联系电话和通讯地址等信息。

县级以上财政部门应当在省级以上财政部门指定的政府采购信息发布媒体公布受理投诉的方式、联系部门、联系电话和通讯地址等信息。

第八条　供应商可以委托代理人进行质疑和投诉。其授权委托书应当载明代理人的姓名或者名称、代理事项、具体权限、期限和相关事项。供应商为自然人的，应当由本人签字；供应商为法人或者其他组织的，应当由法定代表人、主要负责人签字或者盖章，并加盖公章。

代理人提出质疑和投诉，应当提交供应商签署的授权委托书。

第九条　以联合体形式参加政府采购活动的，其投诉应当由组成联合体的所有供应商共同提出。

第二章　质疑提出与答复

第十条　供应商认为采购文件、采购过程、中标或者成交结果使自己的权益受到损害的，可以在知道或者应知其权益受到损害之日起7个工作日内，以书面形式向采购人、采购代理机构提出质疑。

采购文件可以要求供应商在法定质疑期内一次性提出针对同一采购程序环节的质疑。

第十一条　提出质疑的供应商（以下简称质疑供应商）应当是参与所质疑项目采购活动的供应商。

潜在供应商已依法获取其可质疑的采购文件的，可以对该文件提出质疑。对采购文件提出质疑的，应当在获取采购文件或者采购文件公告期限届满之日起7个工作日内提出。

第十二条　供应商提出质疑应当提交质疑函和必要的证明材料。质疑函应当包括下列内容：

（一）供应商的姓名或者名称、地址、邮编、联系人及联系电话；

（二）质疑项目的名称、编号；

（三）具体、明确的质疑事项和与质疑事项相关的请求；

（四）事实依据；

（五）必要的法律依据；

（六）提出质疑的日期。

供应商为自然人的，应当由本人签字；供应商为法人或者其他组织的，应当由法定代表人、主要负责人，或者其授权代表签字或者盖章，并加盖公章。

第十三条　采购人、采购代理机构不得拒收质疑供应商在法定质疑期内发出的质疑函，应当在收到质疑函后7个工作日内作出答复，并以书面形式通知质疑供应商和其他有关供应商。

第十四条　供应商对评审过程、中标或者成交结果提出质疑的，采购人、采购代理机构可以组织原评标委员会、竞争性谈判小组、询价小组或者竞争性磋商小组协助答复质疑。

第十五条　质疑答复应当包括下列内容：

（一）质疑供应商的姓名或者名称；

（二）收到质疑函的日期、质疑项目名称及编号；

（三）质疑事项、质疑答复的具体内容、事实依据和法律依据；

（四）告知质疑供应商依法投诉的权利；

（五）质疑答复人名称；

（六）答复质疑的日期。

质疑答复的内容不得涉及商业秘密。

第十六条　采购人、采购代理机构认为供应商质疑不成立，或者成立但未对中标、成交结果构成影响的，继续开展采购活动；认为供应商质疑成立且影响或者可能影响中标、成交结果的，按照下列情况处理：

（一）对采购文件提出的质疑，依法通过澄清或者修改可以继续开展采购活动的，澄清或者修改采购文件后继续开展采购活动；否则应当修改采购文件后重新开展采购活动。

（二）对采购过程、中标或者成交结果提出的质疑，合格供应商符合法定数量时，可以从合格的中标或者成交候选人中另行确定中标、成交供应商的，应当依法另行确定中标、成交供应商；否则应当重新开展采购活动。

质疑答复导致中标、成交结果改变的，采购人或者采购代理机构应当将有关情况书面报告本级财政部门。

第三章 投诉提起

第十七条 质疑供应商对采购人、采购代理机构的答复不满意，或者采购人、采购代理机构未在规定时间内作出答复的，可以在答复期满后15个工作日内向本办法第六条规定的财政部门提起投诉。

第十八条 投诉人投诉时，应当提交投诉书和必要的证明材料，并按照被投诉采购人、采购代理机构（以下简称被投诉人）和与投诉事项有关的供应商数量提供投诉书的副本。投诉书应当包括下列内容：

（一）投诉人和被投诉人的姓名或者名称、通讯地址、邮编、联系人及联系电话；

（二）质疑和质疑答复情况说明及相关证明材料；

（三）具体、明确的投诉事项和与投诉事项相关的投诉请求；

（四）事实依据；

（五）法律依据；

（六）提起投诉的日期。

投诉人为自然人的，应当由本人签字；投诉人为法人或者其他组织的，应当由法定代表人、主要负责人，或者其授权代表签字或者盖章，并加盖公章。

第十九条 投诉人应当根据本办法第七条第二款规定的信息内容，

并按照其规定的方式提起投诉。

投诉人提起投诉应当符合下列条件：

（一）提起投诉前已依法进行质疑；

（二）投诉书内容符合本办法的规定；

（三）在投诉有效期限内提起投诉；

（四）同一投诉事项未经财政部门投诉处理；

（五）财政部规定的其他条件。

第二十条 供应商投诉的事项不得超出已质疑事项的范围，但基于质疑答复内容提出的投诉事项除外。

第四章 投诉处理

第二十一条 财政部门收到投诉书后，应当在 5 个工作日内进行审查，审查后按照下列情况处理：

（一）投诉书内容不符合本办法第十八条规定的，应当在收到投诉书 5 个工作日内一次性书面通知投诉人补正。补正通知应当载明需要补正的事项和合理的补正期限。未按照补正期限进行补正或者补正后仍不符合规定的，不予受理。

（二）投诉不符合本办法第十九条规定条件的，应当在 3 个工作日内书面告知投诉人不予受理，并说明理由。

（三）投诉不属于本部门管辖的，应当在 3 个工作日内书面告知投诉人向有管辖权的部门提起投诉。

（四）投诉符合本办法第十八条、第十九条规定的，自收到投诉书之日起即为受理，并在收到投诉后 8 个工作日内向被投诉人和其他与投诉事项有关的当事人发出投诉答复通知书及投诉书副本。

第二十二条 被投诉人和其他与投诉事项有关的当事人应当在收到投诉答复通知书及投诉书副本之日起 5 个工作日内，以书面形式向财政部门作出说明，并提交相关证据、依据和其他有关材料。

第二十三条 财政部门处理投诉事项原则上采用书面审查的方式。

财政部门认为有必要时，可以进行调查取证或者组织质证。

财政部门可以根据法律、法规规定或者职责权限，委托相关单位或者第三方开展调查取证、检验、检测、鉴定。

质证应当通知相关当事人到场，并制作质证笔录。质证笔录应当由当事人签字确认。

第二十四条　财政部门依法进行调查取证时，投诉人、被投诉人以及与投诉事项有关的单位及人员应当如实反映情况，并提供财政部门所需要的相关材料。

第二十五条　应当由投诉人承担举证责任的投诉事项，投诉人未提供相关证据、依据和其他有关材料的，视为该投诉事项不成立；被投诉人未按照投诉答复通知书要求提交相关证据、依据和其他有关材料的，视同其放弃说明权利，依法承担不利后果。

第二十六条　财政部门应当自收到投诉之日起30个工作日内，对投诉事项作出处理决定。

第二十七条　财政部门处理投诉事项，需要检验、检测、鉴定、专家评审以及需要投诉人补正材料的，所需时间不计算在投诉处理期限内。

前款所称所需时间，是指财政部门向相关单位、第三方、投诉人发出相关文书、补正通知之日至收到相关反馈文书或材料之日。

财政部门向相关单位、第三方开展检验、检测、鉴定、专家评审的，应当将所需时间告知投诉人。

第二十八条　财政部门在处理投诉事项期间，可以视具体情况书面通知采购人和采购代理机构暂停采购活动，暂停采购活动时间最长不得超过30日。

采购人和采购代理机构收到暂停采购活动通知后应当立即中止采购活动，在法定的暂停期限结束前或者财政部门发出恢复采购活动通知前，不得进行该项采购活动。

第二十九条　投诉处理过程中，有下列情形之一的，财政部门应当驳回投诉：

（一）受理后发现投诉不符合法定受理条件；

（二）投诉事项缺乏事实依据，投诉事项不成立；

（三）投诉人捏造事实或者提供虚假材料；

（四）投诉人以非法手段取得证明材料。证据来源的合法性存在明显疑问，投诉人无法证明其取得方式合法的，视为以非法手段取得证明材料。

第三十条　财政部门受理投诉后，投诉人书面申请撤回投诉的，财政部门应当终止投诉处理程序，并书面告知相关当事人。

第三十一条　投诉人对采购文件提起的投诉事项，财政部门经查证属实的，应当认定投诉事项成立。经认定成立的投诉事项不影响采购结果的，继续开展采购活动；影响或者可能影响采购结果的，财政部门按照下列情况处理：

（一）未确定中标或者成交供应商的，责令重新开展采购活动。

（二）已确定中标或者成交供应商但尚未签订政府采购合同的，认定中标或者成交结果无效，责令重新开展采购活动。

（三）政府采购合同已经签订但尚未履行的，撤销合同，责令重新开展采购活动。

（四）政府采购合同已经履行，给他人造成损失的，相关当事人可依法提起诉讼，由责任人承担赔偿责任。

第三十二条　投诉人对采购过程或者采购结果提起的投诉事项，财政部门经查证属实的，应当认定投诉事项成立。经认定成立的投诉事项不影响采购结果的，继续开展采购活动；影响或者可能影响采购结果的，财政部门按照下列情况处理：

（一）未确定中标或者成交供应商的，责令重新开展采购活动。

（二）已确定中标或者成交供应商但尚未签订政府采购合同的，认定中标或者成交结果无效。合格供应商符合法定数量时，可以从合格的中标或者成交候选人中另行确定中标或者成交供应商的，应当要求采购人依法另行确定中标、成交供应商；否则责令重新开展采购活动。

（三）政府采购合同已经签订但尚未履行的，撤销合同。合格供应商符合法定数量时，可以从合格的中标或者成交候选人中另行确定中标或者成交供应商的，应当要求采购人依法另行确定中标、成交供应商；否则责令重新开展采购活动。

（四）政府采购合同已经履行，给他人造成损失的，相关当事人可依法提起诉讼，由责任人承担赔偿责任。

投诉人对废标行为提起的投诉事项成立的，财政部门应当认定废标行为无效。

第三十三条　财政部门作出处理决定，应当制作投诉处理决定书，并加盖公章。投诉处理决定书应当包括下列内容：

（一）投诉人和被投诉人的姓名或者名称、通讯地址等；

（二）处理决定查明的事实和相关依据，具体处理决定和法律依据；

（三）告知相关当事人申请行政复议的权利、行政复议机关和行政复议申请期限，以及提起行政诉讼的权利和起诉期限；

（四）作出处理决定的日期。

第三十四条　财政部门应当将投诉处理决定书送达投诉人和与投诉事项有关的当事人，并及时将投诉处理结果在省级以上财政部门指定的政府采购信息发布媒体上公告。

投诉处理决定书的送达，参照《中华人民共和国民事诉讼法》关于送达的规定执行。

第三十五条　财政部门应当建立投诉处理档案管理制度，并配合有关部门依法进行的监督检查。

第五章　法　律　责　任

第三十六条　采购人、采购代理机构有下列情形之一的，由财政部门责令限期改正；情节严重的，给予警告，对直接负责的主管人员和其他直接责任人员，由其行政主管部门或者有关机关给予处分，并予通报：

（一）拒收质疑供应商在法定质疑期内发出的质疑函；

（二）对质疑不予答复或者答复与事实明显不符，并不能作出合理说明；

（三）拒绝配合财政部门处理投诉事宜。

第三十七条 投诉人在全国范围 12 个月内三次以上投诉查无实据的，由财政部门列入不良行为记录名单。

投诉人有下列行为之一的，属于虚假、恶意投诉，由财政部门列入不良行为记录名单，禁止其 1 至 3 年内参加政府采购活动：

（一）捏造事实；

（二）提供虚假材料；

（三）以非法手段取得证明材料。证据来源的合法性存在明显疑问，投诉人无法证明其取得方式合法的，视为以非法手段取得证明材料。

第三十八条 财政部门及其工作人员在履行投诉处理职责中违反本办法规定及存在其他滥用职权、玩忽职守、徇私舞弊等违法违纪行为的，依照《中华人民共和国政府采购法》《中华人民共和国公务员法》《中华人民共和国行政监察法》《中华人民共和国政府采购法实施条例》等国家有关规定追究相应责任；涉嫌犯罪的，依法移送司法机关处理。

第六章　附　　则

第三十九条 质疑函和投诉书应当使用中文。质疑函和投诉书的范本，由财政部制定。

第四十条 相关当事人提供外文书证或者外国语视听资料的，应当附有中文译本，由翻译机构盖章或者翻译人员签名。

相关当事人向财政部门提供的在中华人民共和国领域外形成的证据，应当说明来源，经所在国公证机关证明，并经中华人民共和国驻该国使领馆认证，或者履行中华人民共和国与证据所在国订立的有关条约中规定的证明手续。

相关当事人提供的在香港特别行政区、澳门特别行政区和台湾地区内形成的证据,应当履行相关的证明手续。

第四十一条 财政部门处理投诉不得向投诉人和被投诉人收取任何费用。但因处理投诉发生的第三方检验、检测、鉴定等费用,由提出申请的供应商先行垫付。投诉处理决定明确双方责任后,按照"谁过错谁负担"的原则由承担责任的一方负担;双方都有责任的,由双方合理分担。

第四十二条 本办法规定的期间开始之日,不计算在期间内。期间届满的最后一日是节假日的,以节假日后的第一日为期间届满的日期。期间不包括在途时间,质疑和投诉文书在期满前交邮的,不算过期。

本办法规定的"以上""以下"均含本数。

第四十三条 对在质疑答复和投诉处理过程中知悉的国家秘密、商业秘密、个人隐私和依法不予公开的信息,财政部门、采购人、采购代理机构等相关知情人应当保密。

第四十四条 省级财政部门可以根据本办法制定具体实施办法。

第四十五条 本办法自2018年3月1日起施行。财政部2004年8月11日发布的《政府采购供应商投诉处理办法》(财政部令第20号)同时废止。

政府采购货物和服务招标投标管理办法

· 2017年7月11日财政部令第87号公布
· 自2017年10月1日起施行

第一章 总 则

第一条 为了规范政府采购当事人的采购行为,加强对政府采购货物和服务招标投标活动的监督管理,维护国家利益、社会公共利益和政府采购招标投标活动当事人的合法权益，依据《中华人民共和国政府采购法》（以下简称政府采购法）、《中华人民共和国政府采购法实施条例》（以下简称政府采购法实施条例）和其他有关法律法规规定，制定本办法。

第二条　本办法适用于在中华人民共和国境内开展政府采购货物和服务（以下简称货物服务）招标投标活动。

第三条　货物服务招标分为公开招标和邀请招标。

公开招标，是指采购人依法以招标公告的方式邀请非特定的供应商参加投标的采购方式。

邀请招标，是指采购人依法从符合相应资格条件的供应商中随机抽取3家以上供应商，并以投标邀请书的方式邀请其参加投标的采购方式。

第四条　属于地方预算的政府采购项目，省、自治区、直辖市人民政府根据实际情况，可以确定分别适用于本行政区域省级、设区的市级、县级公开招标数额标准。

第五条　采购人应当在货物服务招标投标活动中落实节约能源、保护环境、扶持不发达地区和少数民族地区、促进中小企业发展等政府采购政策。

第六条　采购人应当按照行政事业单位内部控制规范要求，建立健全本单位政府采购内部控制制度，在编制政府采购预算和实施计划、确定采购需求、组织采购活动、履约验收、答复询问质疑、配合投诉处理及监督检查等重点环节加强内部控制管理。

采购人不得向供应商索要或者接受其给予的赠品、回扣或者与采购无关的其他商品、服务。

第七条　采购人应当按照财政部制定的《政府采购品目分类目录》确定采购项目属性。按照《政府采购品目分类目录》无法确定的，按照有利于采购项目实施的原则确定。

第八条　采购人委托采购代理机构代理招标的，采购代理机构应当在采购人委托的范围内依法开展采购活动。

采购代理机构及其分支机构不得在所代理的采购项目中投标或者代理投标,不得为所代理的采购项目的投标人参加本项目提供投标咨询。

第二章 招 标

第九条 未纳入集中采购目录的政府采购项目,采购人可以自行招标,也可以委托采购代理机构在委托的范围内代理招标。

采购人自行组织开展招标活动的,应当符合下列条件:

(一)有编制招标文件、组织招标的能力和条件;

(二)有与采购项目专业性相适应的专业人员。

第十条 采购人应当对采购标的的市场技术或者服务水平、供应、价格等情况进行市场调查,根据调查情况、资产配置标准等科学、合理地确定采购需求,进行价格测算。

第十一条 采购需求应当完整、明确,包括以下内容:

(一)采购标的需实现的功能或者目标,以及为落实政府采购政策需满足的要求;

(二)采购标的需执行的国家相关标准、行业标准、地方标准或者其他标准、规范;

(三)采购标的需满足的质量、安全、技术规格、物理特性等要求;

(四)采购标的的数量、采购项目交付或者实施的时间和地点;

(五)采购标的需满足的服务标准、期限、效率等要求;

(六)采购标的的验收标准;

(七)采购标的的其他技术、服务等要求。

第十二条 采购人根据价格测算情况,可以在采购预算额度内合理设定最高限价,但不得设定最低限价。

第十三条 公开招标公告应当包括以下主要内容:

(一)采购人及其委托的采购代理机构的名称、地址和联系方法;

(二)采购项目的名称、预算金额,设定最高限价的,还应当公开最高限价；

（三）采购人的采购需求；

（四）投标人的资格要求；

（五）获取招标文件的时间期限、地点、方式及招标文件售价；

（六）公告期限；

（七）投标截止时间、开标时间及地点；

（八）采购项目联系人姓名和电话。

第十四条 采用邀请招标方式的，采购人或者采购代理机构应当通过以下方式产生符合资格条件的供应商名单，并从中随机抽取3家以上供应商向其发出投标邀请书：

（一）发布资格预审公告征集；

（二）从省级以上人民政府财政部门（以下简称财政部门）建立的供应商库中选取；

（三）采购人书面推荐。

采用前款第一项方式产生符合资格条件供应商名单的，采购人或者采购代理机构应当按照资格预审文件载明的标准和方法，对潜在投标人进行资格预审。

采用第一款第二项或者第三项方式产生符合资格条件供应商名单的，备选的符合资格条件供应商总数不得少于拟随机抽取供应商总数的两倍。

随机抽取是指通过抽签等能够保证所有符合资格条件供应商机会均等的方式选定供应商。随机抽取供应商时，应当有不少于两名采购人工作人员在场监督，并形成书面记录，随采购文件一并存档。

投标邀请书应当同时向所有受邀请的供应商发出。

第十五条 资格预审公告应当包括以下主要内容：

（一）本办法第十三条第一至四项、第六项和第八项内容；

（二）获取资格预审文件的时间期限、地点、方式；

（三）提交资格预审申请文件的截止时间、地点及资格预审日期。

第十六条 招标公告、资格预审公告的公告期限为 5 个工作日。公告内容应当以省级以上财政部门指定媒体发布的公告为准。公告期限自省级以上财政部门指定媒体最先发布公告之日起算。

第十七条 采购人、采购代理机构不得将投标人的注册资本、资产总额、营业收入、从业人员、利润、纳税额等规模条件作为资格要求或者评审因素，也不得通过将除进口货物以外的生产厂家授权、承诺、证明、背书等作为资格要求，对投标人实行差别待遇或者歧视待遇。

第十八条 采购人或者采购代理机构应当按照招标公告、资格预审公告或者投标邀请书规定的时间、地点提供招标文件或者资格预审文件，提供期限自招标公告、资格预审公告发布之日起计算不得少于 5 个工作日。提供期限届满后，获取招标文件或者资格预审文件的潜在投标人不足 3 家的，可以顺延提供期限，并予公告。

公开招标进行资格预审的，招标公告和资格预审公告可以合并发布，招标文件应当向所有通过资格预审的供应商提供。

第十九条 采购人或者采购代理机构应当根据采购项目的实施要求，在招标公告、资格预审公告或者投标邀请书中载明是否接受联合体投标。如未载明，不得拒绝联合体投标。

第二十条 采购人或者采购代理机构应当根据采购项目的特点和采购需求编制招标文件。招标文件应当包括以下主要内容：

（一）投标邀请；

（二）投标人须知（包括投标文件的密封、签署、盖章要求等）；

（三）投标人应当提交的资格、资信证明文件；

（四）为落实政府采购政策，采购标的需满足的要求，以及投标人须提供的证明材料；

（五）投标文件编制要求、投标报价要求和投标保证金交纳、退还方式以及不予退还投标保证金的情形；

（六）采购项目预算金额，设定最高限价的，还应当公开最高限价；

（七）采购项目的技术规格、数量、服务标准、验收等要求，包括附件、图纸等；

（八）拟签订的合同文本；

（九）货物、服务提供的时间、地点、方式；

（十）采购资金的支付方式、时间、条件；

（十一）评标方法、评标标准和投标无效情形；

（十二）投标有效期；

（十三）投标截止时间、开标时间及地点；

（十四）采购代理机构代理费用的收取标准和方式；

（十五）投标人信用信息查询渠道及截止时点、信用信息查询记录和证据留存的具体方式、信用信息的使用规则等；

（十六）省级以上财政部门规定的其他事项。

对于不允许偏离的实质性要求和条件，采购人或者采购代理机构应当在招标文件中规定，并以醒目的方式标明。

第二十一条 采购人或者采购代理机构应当根据采购项目的特点和采购需求编制资格预审文件。资格预审文件应当包括以下主要内容：

（一）资格预审邀请；

（二）申请人须知；

（三）申请人的资格要求；

（四）资格审核标准和方法；

（五）申请人应当提供的资格预审申请文件的内容和格式；

（六）提交资格预审申请文件的方式、截止时间、地点及资格审核日期；

（七）申请人信用信息查询渠道及截止时点、信用信息查询记录和证据留存的具体方式、信用信息的使用规则等内容；

（八）省级以上财政部门规定的其他事项。

资格预审文件应当免费提供。

第二十二条 采购人、采购代理机构一般不得要求投标人提供样品，仅凭书面方式不能准确描述采购需求或者需要对样品进行主观判断以确认是否满足采购需求等特殊情况除外。

要求投标人提供样品的，应当在招标文件中明确规定样品制作的标准和要求、是否需要随样品提交相关检测报告、样品的评审方法以及评审标准。需要随样品提交检测报告的，还应当规定检测机构的要求、检测内容等。

采购活动结束后，对于未中标人提供的样品，应当及时退还或者经未中标人同意后自行处理；对于中标人提供的样品，应当按照招标文件的规定进行保管、封存，并作为履约验收的参考。

第二十三条　投标有效期从提交投标文件的截止之日起算。投标文件中承诺的投标有效期应当不少于招标文件中载明的投标有效期。投标有效期内投标人撤销投标文件的，采购人或者采购代理机构可以不退还投标保证金。

第二十四条　招标文件售价应当按照弥补制作、邮寄成本的原则确定，不得以营利为目的，不得以招标采购金额作为确定招标文件售价的依据。

第二十五条　招标文件、资格预审文件的内容不得违反法律、行政法规、强制性标准、政府采购政策，或者违反公开透明、公平竞争、公正和诚实信用原则。

有前款规定情形，影响潜在投标人投标或者资格预审结果的，采购人或者采购代理机构应当修改招标文件或者资格预审文件后重新招标。

第二十六条　采购人或者采购代理机构可以在招标文件提供期限截止后，组织已获取招标文件的潜在投标人现场考察或者召开开标前答疑会。

组织现场考察或者召开答疑会的，应当在招标文件中载明，或者在招标文件提供期限截止后以书面形式通知所有获取招标文件的潜在投标人。

第二十七条　采购人或者采购代理机构可以对已发出的招标文件、资格预审文件、投标邀请书进行必要的澄清或者修改，但不得改变采购标的和资格条件。澄清或者修改应当在原公告发布媒体上发布澄清公告。澄清或者修改的内容为招标文件、资格预审文件、投标邀请书的组成部分。

澄清或者修改的内容可能影响投标文件编制的，采购人或者采购代理机构应当在投标截止时间至少15日前，以书面形式通知所有获取招标文件的潜在投标人；不足15日的，采购人或者采购代理机构应当顺延提交投标文件的截止时间。

澄清或者修改的内容可能影响资格预审申请文件编制的，采购人或者采购代理机构应当在提交资格预审申请文件截止时间至少3日前，以书面形式通知所有获取资格预审文件的潜在投标人；不足3日的，采购人或者采购代理机构应当顺延提交资格预审申请文件的截止时间。

第二十八条 投标截止时间前，采购人、采购代理机构和有关人员不得向他人透露已获取招标文件的潜在投标人的名称、数量以及可能影响公平竞争的有关招标投标的其他情况。

第二十九条 采购人、采购代理机构在发布招标公告、资格预审公告或者发出投标邀请书后，除因重大变故采购任务取消情况外，不得擅自终止招标活动。

终止招标的，采购人或者采购代理机构应当及时在原公告发布媒体上发布终止公告，以书面形式通知已经获取招标文件、资格预审文件或者被邀请的潜在投标人，并将项目实施情况和采购任务取消原因报告本级财政部门。已经收取招标文件费用或者投标保证金的，采购人或者采购代理机构应当在终止采购活动后5个工作日内，退还所收取的招标文件费用和所收取的投标保证金及其在银行产生的孳息。

第三章 投 标

第三十条 投标人，是指响应招标、参加投标竞争的法人、其他组织或者自然人。

第三十一条 采用最低评标价法的采购项目，提供相同品牌产品的不同投标人参加同一合同项下投标的,以其中通过资格审查、符合性审查且报价最低的参加评标;报价相同的,由采购人或者采购人委托评标委员会按照招标文件规定的方式确定一个参加评标的投标人,招标文件未规定的采取随机抽取方式确定,其他投标无效。

使用综合评分法的采购项目,提供相同品牌产品且通过资格审查、符合性审查的不同投标人参加同一合同项下投标的,按一家投标人计算,评审后得分最高的同品牌投标人获得中标人推荐资格;评审得分相同的,由采购人或者采购人委托评标委员会按照招标文件规定的方式确定一个投标人获得中标人推荐资格,招标文件未规定的采取随机抽取方式确定,其他同品牌投标人不作为中标候选人。

非单一产品采购项目,采购人应当根据采购项目技术构成、产品价格比重等合理确定核心产品,并在招标文件中载明。多家投标人提供的核心产品品牌相同的,按前两款规定处理。

第三十二条 投标人应当按照招标文件的要求编制投标文件。投标文件应当对招标文件提出的要求和条件作出明确响应。

第三十三条 投标人应当在招标文件要求提交投标文件的截止时间前,将投标文件密封送达投标地点。采购人或者采购代理机构收到投标文件后,应当如实记载投标文件的送达时间和密封情况,签收保存,并向投标人出具签收回执。任何单位和个人不得在开标前开启投标文件。

逾期送达或者未按照招标文件要求密封的投标文件,采购人、采购代理机构应当拒收。

第三十四条 投标人在投标截止时间前,可以对所递交的投标文件进行补充、修改或者撤回,并书面通知采购人或者采购代理机构。补充、修改的内容应当按照招标文件要求签署、盖章、密封后,作为投标文件的组成部分。

第三十五条 投标人根据招标文件的规定和采购项目的实际情况,拟在中标后将中标项目的非主体、非关键性工作分包的,应当在投标文件中载明分包承担主体,分包承担主体应当具备相应资质条件且不得再次分包。

第三十六条　投标人应当遵循公平竞争的原则，不得恶意串通，不得妨碍其他投标人的竞争行为，不得损害采购人或者其他投标人的合法权益。

在评标过程中发现投标人有上述情形的，评标委员会应当认定其投标无效，并书面报告本级财政部门。

第三十七条　有下列情形之一的，视为投标人串通投标，其投标无效：

（一）不同投标人的投标文件由同一单位或者个人编制；

（二）不同投标人委托同一单位或者个人办理投标事宜；

（三）不同投标人的投标文件载明的项目管理成员或者联系人员为同一人；

（四）不同投标人的投标文件异常一致或者投标报价呈规律性差异；

（五）不同投标人的投标文件相互混装；

（六）不同投标人的投标保证金从同一单位或者个人的账户转出。

第三十八条　投标人在投标截止时间前撤回已提交的投标文件的，采购人或者采购代理机构应当自收到投标人书面撤回通知之日起5个工作日内，退还已收取的投标保证金，但因投标人自身原因导致无法及时退还的除外。

采购人或者采购代理机构应当自中标通知书发出之日起5个工作日内退还未中标人的投标保证金，自采购合同签订之日起5个工作日内退还中标人的投标保证金或者转为中标人的履约保证金。

采购人或者采购代理机构逾期退还投标保证金的，除应当退还投标保证金本金外，还应当按中国人民银行同期贷款基准利率上浮20%后的利率支付超期资金占用费，但因投标人自身原因导致无法及时退还的除外。

第四章　开标、评标

第三十九条　开标应当在招标文件确定的提交投标文件截止时间的

同一时间进行。开标地点应当为招标文件中预先确定的地点。

采购人或者采购代理机构应当对开标、评标现场活动进行全程录音录像。录音录像应当清晰可辨，音像资料作为采购文件一并存档。

第四十条　开标由采购人或者采购代理机构主持，邀请投标人参加。评标委员会成员不得参加开标活动。

第四十一条　开标时，应当由投标人或者其推选的代表检查投标文件的密封情况；经确认无误后，由采购人或者采购代理机构工作人员当众拆封，宣布投标人名称、投标价格和招标文件规定的需要宣布的其他内容。

投标人不足3家的，不得开标。

第四十二条　开标过程应当由采购人或者采购代理机构负责记录，由参加开标的各投标人代表和相关工作人员签字确认后随采购文件一并存档。

投标人代表对开标过程和开标记录有疑义，以及认为采购人、采购代理机构相关工作人员有需要回避的情形的，应当场提出询问或者回避申请。采购人、采购代理机构对投标人代表提出的询问或者回避申请应当及时处理。

投标人未参加开标的，视同认可开标结果。

第四十三条　公开招标数额标准以上的采购项目，投标截止后投标人不足3家或者通过资格审查或符合性审查的投标人不足3家的，除采购任务取消情形外，按照以下方式处理：

（一）招标文件存在不合理条款或者招标程序不符合规定的，采购人、采购代理机构改正后依法重新招标；

（二）招标文件没有不合理条款、招标程序符合规定，需要采用其他采购方式采购的，采购人应当依法报财政部门批准。

第四十四条　公开招标采购项目开标结束后，采购人或者采购代理机构应当依法对投标人的资格进行审查。

合格投标人不足3家的，不得评标。

第四十五条　采购人或者采购代理机构负责组织评标工作，并履行下列职责：

（一）核对评审专家身份和采购人代表授权函，对评审专家在政府采购活动中的职责履行情况予以记录，并及时将有关违法违规行为向财政部门报告；

（二）宣布评标纪律；

（三）公布投标人名单，告知评审专家应当回避的情形；

（四）组织评标委员会推选评标组长，采购人代表不得担任组长；

（五）在评标期间采取必要的通讯管理措施，保证评标活动不受外界干扰；

（六）根据评标委员会的要求介绍政府采购相关政策法规、招标文件；

（七）维护评标秩序，监督评标委员会依照招标文件规定的评标程序、方法和标准进行独立评审，及时制止和纠正采购人代表、评审专家的倾向性言论或者违法违规行为；

（八）核对评标结果，有本办法第六十四条规定情形的，要求评标委员会复核或者书面说明理由，评标委员会拒绝的，应予记录并向本级财政部门报告；

（九）评审工作完成后，按照规定向评审专家支付劳务报酬和异地评审差旅费，不得向评审专家以外的其他人员支付评审劳务报酬；

（十）处理与评标有关的其他事项。

采购人可以在评标前说明项目背景和采购需求，说明内容不得含有歧视性、倾向性意见，不得超出招标文件所述范围。说明应当提交书面材料，并随采购文件一并存档。

第四十六条　评标委员会负责具体评标事务，并独立履行下列职责：

（一）审查、评价投标文件是否符合招标文件的商务、技术等实质性要求；

（二）要求投标人对投标文件有关事项作出澄清或者说明；

（三）对投标文件进行比较和评价；

（四）确定中标候选人名单，以及根据采购人委托直接确定中标人；

（五）向采购人、采购代理机构或者有关部门报告评标中发现的违法行为。

第四十七条　评标委员会由采购人代表和评审专家组成，成员人数应当为 5 人以上单数，其中评审专家不得少于成员总数的三分之二。

采购项目符合下列情形之一的，评标委员会成员人数应当为 7 人以上单数：

（一）采购预算金额在 1000 万元以上；

（二）技术复杂；

（三）社会影响较大。

评审专家对本单位的采购项目只能作为采购人代表参与评标，本办法第四十八条第二款规定情形除外。采购代理机构工作人员不得参加由本机构代理的政府采购项目的评标。

评标委员会成员名单在评标结果公告前应当保密。

第四十八条　采购人或者采购代理机构应当从省级以上财政部门设立的政府采购评审专家库中，通过随机方式抽取评审专家。

对技术复杂、专业性强的采购项目，通过随机方式难以确定合适评审专家的，经主管预算单位同意，采购人可以自行选定相应专业领域的评审专家。

第四十九条　评标中因评标委员会成员缺席、回避或者健康等特殊原因导致评标委员会组成不符合本办法规定的，采购人或者采购代理机构应当依法补足后继续评标。被更换的评标委员会成员所作出的评标意见无效。

无法及时补足评标委员会成员的，采购人或者采购代理机构应当停止评标活动，封存所有投标文件和开标、评标资料，依法重新组建评标委员会进行评标。原评标委员会所作出的评标意见无效。

采购人或者采购代理机构应当将变更、重新组建评标委员会的情况予以记录，并随采购文件一并存档。

第五十条　评标委员会应当对符合资格的投标人的投标文件进行符合性审查，以确定其是否满足招标文件的实质性要求。

第五十一条　对于投标文件中含义不明确、同类问题表述不一致或者有明显文字和计算错误的内容，评标委员会应当以书面形式要求投标人作出必要的澄清、说明或者补正。

投标人的澄清、说明或者补正应当采用书面形式，并加盖公章，或者由法定代表人或其授权的代表签字。投标人的澄清、说明或者补正不得超出投标文件的范围或者改变投标文件的实质性内容。

第五十二条　评标委员会应当按照招标文件中规定的评标方法和标准，对符合性审查合格的投标文件进行商务和技术评估，综合比较与评价。

第五十三条　评标方法分为最低评标价法和综合评分法。

第五十四条　最低评标价法，是指投标文件满足招标文件全部实质性要求，且投标报价最低的投标人为中标候选人的评标方法。

技术、服务等标准统一的货物服务项目，应当采用最低评标价法。

采用最低评标价法评标时，除了算术修正和落实政府采购政策需进行的价格扣除外，不能对投标人的投标价格进行任何调整。

第五十五条　综合评分法，是指投标文件满足招标文件全部实质性要求，且按照评审因素的量化指标评审得分最高的投标人为中标候选人的评标方法。

评审因素的设定应当与投标人所提供货物服务的质量相关，包括投标报价、技术或者服务水平、履约能力、售后服务等。资格条件不得作为评审因素。评审因素应当在招标文件中规定。

评审因素应当细化和量化，且与相应的商务条件和采购需求对应。商务条件和采购需求指标有区间规定的，评审因素应当量化到相应区间，并设置各区间对应的不同分值。

评标时，评标委员会各成员应当独立对每个投标人的投标文件进行评价，并汇总每个投标人的得分。

货物项目的价格分值占总分值的比重不得低于30%；服务项目的价格分值占总分值的比重不得低于10%。执行国家统一定价标准和采用固定价格采购的项目，其价格不列为评审因素。

价格分应当采用低价优先法计算，即满足招标文件要求且投标价格最低的投标报价为评标基准价，其价格分为满分。其他投标人的价格分统一按照下列公式计算：

投标报价得分＝（评标基准价/投标报价）×100

评标总得分＝$F_1 \times A_1 + F_2 \times A_2 + \cdots\cdots + F_n \times A_n$

F_1、F_2……F_n 分别为各项评审因素的得分；

A_1、A_2……A_n 分别为各项评审因素所占的权重（$A_1 + A_2 + \cdots\cdots + A_n = 1$）。

评标过程中，不得去掉报价中的最高报价和最低报价。

因落实政府采购政策进行价格调整的，以调整后的价格计算评标基准价和投标报价。

第五十六条 采用最低评标价法的，评标结果按投标报价由低到高顺序排列。投标报价相同的并列。投标文件满足招标文件全部实质性要求且投标报价最低的投标人为排名第一的中标候选人。

第五十七条 采用综合评分法的，评标结果按评审后得分由高到低顺序排列。得分相同的，按投标报价由低到高顺序排列。得分且投标报价相同的并列。投标文件满足招标文件全部实质性要求，且按照评审因素的量化指标评审得分最高的投标人为排名第一的中标候选人。

第五十八条 评标委员会根据全体评标成员签字的原始评标记录和评标结果编写评标报告。评标报告应当包括以下内容：

（一）招标公告刊登的媒体名称、开标日期和地点；

（二）投标人名单和评标委员会成员名单；

（三）评标方法和标准；

（四）开标记录和评标情况及说明，包括无效投标人名单及原因；

（五）评标结果，确定的中标候选人名单或者经采购人委托直接确定的中标人；

（六）其他需要说明的情况，包括评标过程中投标人根据评标委员会要求进行的澄清、说明或者补正，评标委员会成员的更换等。

第五十九条　投标文件报价出现前后不一致的，除招标文件另有规定外，按照下列规定修正：

（一）投标文件中开标一览表（报价表）内容与投标文件中相应内容不一致的，以开标一览表（报价表）为准；

（二）大写金额和小写金额不一致的，以大写金额为准；

（三）单价金额小数点或者百分比有明显错位的，以开标一览表的总价为准，并修改单价；

（四）总价金额与按单价汇总金额不一致的，以单价金额计算结果为准。

同时出现两种以上不一致的，按照前款规定的顺序修正。修正后的报价按照本办法第五十一条第二款的规定经投标人确认后产生约束力，投标人不确认的，其投标无效。

第六十条　评标委员会认为投标人的报价明显低于其他通过符合性审查投标人的报价，有可能影响产品质量或者不能诚信履约的，应当要求其在评标现场合理的时间内提供书面说明，必要时提交相关证明材料；投标人不能证明其报价合理性的，评标委员会应当将其作为无效投标处理。

第六十一条　评标委员会成员对需要共同认定的事项存在争议的，应当按照少数服从多数的原则作出结论。持不同意见的评标委员会成员应当在评标报告上签署不同意见及理由，否则视为同意评标报告。

第六十二条　评标委员会及其成员不得有下列行为：

（一）确定参与评标至评标结束前私自接触投标人；

（二）接受投标人提出的与投标文件不一致的澄清或者说明，本办法第五十一条规定的情形除外；

（三）违反评标纪律发表倾向性意见或者征询采购人的倾向性意见；

（四）对需要专业判断的主观评审因素协商评分；

（五）在评标过程中擅离职守，影响评标程序正常进行的；

（六）记录、复制或者带走任何评标资料；

（七）其他不遵守评标纪律的行为。

评标委员会成员有前款第一至五项行为之一的，其评审意见无效，并不得获取评审劳务报酬和报销异地评审差旅费。

第六十三条 投标人存在下列情况之一的，投标无效：

（一）未按照招标文件的规定提交投标保证金的；

（二）投标文件未按招标文件要求签署、盖章的；

（三）不具备招标文件中规定的资格要求的；

（四）报价超过招标文件中规定的预算金额或者最高限价的；

（五）投标文件含有采购人不能接受的附加条件的；

（六）法律、法规和招标文件规定的其他无效情形。

第六十四条 评标结果汇总完成后，除下列情形外，任何人不得修改评标结果：

（一）分值汇总计算错误的；

（二）分项评分超出评分标准范围的；

（三）评标委员会成员对客观评审因素评分不一致的；

（四）经评标委员会认定评分畸高、畸低的。

评标报告签署前，经复核发现存在以上情形之一的，评标委员会应当当场修改评标结果，并在评标报告中记载；评标报告签署后，采购人或者采购代理机构发现存在以上情形之一的，应当组织原评标委员会进行重新评审，重新评审改变评标结果的，书面报告本级财政部门。

投标人对本条第一款情形提出质疑的，采购人或者采购代理机构可以组织原评标委员会进行重新评审，重新评审改变评标结果的，应当书面报告本级财政部门。

第六十五条　评标委员会发现招标文件存在歧义、重大缺陷导致评标工作无法进行，或者招标文件内容违反国家有关强制性规定的，应当停止评标工作，与采购人或者采购代理机构沟通并作书面记录。采购人或者采购代理机构确认后，应当修改招标文件，重新组织采购活动。

第六十六条　采购人、采购代理机构应当采取必要措施，保证评标在严格保密的情况下进行。除采购人代表、评标现场组织人员外，采购人的其他工作人员以及与评标工作无关的人员不得进入评标现场。

有关人员对评标情况以及在评标过程中获悉的国家秘密、商业秘密负有保密责任。

第六十七条　评标委员会或者其成员存在下列情形导致评标结果无效的，采购人、采购代理机构可以重新组建评标委员会进行评标，并书面报告本级财政部门，但采购合同已经履行的除外：

（一）评标委员会组成不符合本办法规定的；

（二）有本办法第六十二条第一至五项情形的；

（三）评标委员会及其成员独立评标受到非法干预的；

（四）有政府采购法实施条例第七十五条规定的违法行为的。

有违法违规行为的原评标委员会成员不得参加重新组建的评标委员会。

第五章　中标和合同

第六十八条　采购代理机构应当在评标结束后2个工作日内将评标报告送采购人。

采购人应当自收到评标报告之日起5个工作日内，在评标报告确定的中标候选人名单中按顺序确定中标人。中标候选人并列的，由采购人或者采购人委托评标委员会按照招标文件规定的方式确定中标人；招标文件未规定的，采取随机抽取的方式确定。

采购人自行组织招标的，应当在评标结束后5个工作日内确定中标人。

采购人在收到评标报告5个工作日内未按评标报告推荐的中标候选人顺序确定中标人，又不能说明合法理由的，视同按评标报告推荐的顺序确定排名第一的中标候选人为中标人。

第六十九条　采购人或者采购代理机构应当自中标人确定之日起2个工作日内，在省级以上财政部门指定的媒体上公告中标结果，招标文件应当随中标结果同时公告。

中标结果公告内容应当包括采购人及其委托的采购代理机构的名称、地址、联系方式，项目名称和项目编号，中标人名称、地址和中标金额，主要中标标的的名称、规格型号、数量、单价、服务要求，中标公告期限以及评审专家名单。

中标公告期限为1个工作日。

邀请招标采购人采用书面推荐方式产生符合资格条件的潜在投标人的，还应当将所有被推荐供应商名单和推荐理由随中标结果同时公告。

在公告中标结果的同时，采购人或者采购代理机构应当向中标人发出中标通知书；对未通过资格审查的投标人，应当告知其未通过的原因；采用综合评分法评审的，还应当告知未中标人本人的评审得分与排序。

第七十条　中标通知书发出后，采购人不得违法改变中标结果，中标人无正当理由不得放弃中标。

第七十一条　采购人应当自中标通知书发出之日起30日内，按照招标文件和中标人投标文件的规定，与中标人签订书面合同。所签订的合同不得对招标文件确定的事项和中标人投标文件作实质性修改。

采购人不得向中标人提出任何不合理的要求作为签订合同的条件。

第七十二条　政府采购合同应当包括采购人与中标人的名称和住所、标的、数量、质量、价款或者报酬、履行期限及地点和方式、验收要求、违约责任、解决争议的方法等内容。

第七十三条　采购人与中标人应当根据合同的约定依法履行合同义务。

政府采购合同的履行、违约责任和解决争议的方法等适用《中华人民共和国合同法》。

第七十四条 采购人应当及时对采购项目进行验收。采购人可以邀请参加本项目的其他投标人或者第三方机构参与验收。参与验收的投标人或者第三方机构的意见作为验收书的参考资料一并存档。

第七十五条 采购人应当加强对中标人的履约管理，并按照采购合同约定，及时向中标人支付采购资金。对于中标人违反采购合同约定的行为，采购人应当及时处理，依法追究其违约责任。

第七十六条 采购人、采购代理机构应当建立真实完整的招标采购档案，妥善保存每项采购活动的采购文件。

第六章 法律责任

第七十七条 采购人有下列情形之一的，由财政部门责令限期改正；情节严重的，给予警告，对直接负责的主管人员和其他直接责任人员由其行政主管部门或者有关机关依法给予处分，并予以通报；涉嫌犯罪的，移送司法机关处理：

（一）未按照本办法的规定编制采购需求的；

（二）违反本办法第六条第二款规定的；

（三）未在规定时间内确定中标人的；

（四）向中标人提出不合理要求作为签订合同条件的。

第七十八条 采购人、采购代理机构有下列情形之一的，由财政部门责令限期改正，情节严重的，给予警告，对直接负责的主管人员和其他直接责任人员，由其行政主管部门或者有关机关给予处分，并予通报；采购代理机构有违法所得的，没收违法所得，并可以处以不超过违法所得3倍、最高不超过3万元的罚款，没有违法所得的，可以处以1万元以下的罚款：

（一）违反本办法第八条第二款规定的；

（二）设定最低限价的；

（三）未按照规定进行资格预审或者资格审查的；

（四）违反本办法规定确定招标文件售价的；

（五）未按规定对开标、评标活动进行全程录音录像的；

（六）擅自终止招标活动的；

（七）未按照规定进行开标和组织评标的；

（八）未按照规定退还投标保证金的；

（九）违反本办法规定进行重新评审或者重新组建评标委员会进行评标的；

（十）开标前泄露已获取招标文件的潜在投标人的名称、数量或者其他可能影响公平竞争的有关招标投标情况的；

（十一）未妥善保存采购文件的；

（十二）其他违反本办法规定的情形。

第七十九条 有本办法第七十七条、第七十八条规定的违法行为之一，经改正后仍然影响或者可能影响中标结果的，依照政府采购法实施条例第七十一条规定处理。

第八十条 政府采购当事人违反本办法规定，给他人造成损失的，依法承担民事责任。

第八十一条 评标委员会成员有本办法第六十二条所列行为之一的，由财政部门责令限期改正；情节严重的，给予警告，并对其不良行为予以记录。

第八十二条 财政部门应当依法履行政府采购监督管理职责。财政部门及其工作人员在履行监督管理职责中存在懒政怠政、滥用职权、玩忽职守、徇私舞弊等违法违纪行为的，依照政府采购法、《中华人民共和国公务员法》、《中华人民共和国行政监察法》、政府采购法实施条例等国家有关规定追究相应责任；涉嫌犯罪的，移送司法机关处理。

第七章 附 则

第八十三条 政府采购货物服务电子招标投标、政府采购货物中的进口机电产品招标投标有关特殊事宜，由财政部另行规定。

第八十四条 本办法所称主管预算单位是指负有编制部门预算职责，向本级财政部门申报预算的国家机关、事业单位和团体组织。

第八十五条 本办法规定按日计算期间的，开始当天不计入，从次日开始计算。期限的最后一日是国家法定节假日的，顺延到节假日后的次日为期限的最后一日。

第八十六条 本办法所称的"以上"、"以下"、"内"、"以内"，包括本数；所称的"不足"，不包括本数。

第八十七条 各省、自治区、直辖市财政部门可以根据本办法制定具体实施办法。

第八十八条 本办法自 2017 年 10 月 1 日起施行。财政部 2004 年 8 月 11 日发布的《政府采购货物和服务招标投标管理办法》（财政部令第 18 号）同时废止。

政府采购非招标采购方式管理办法

- 2013 年 12 月 19 日财政部令第 74 号公布
- 自 2014 年 2 月 1 日起施行

第一章 总 则

第一条 为了规范政府采购行为，加强对采用非招标采购方式采购活动的监督管理，维护国家利益、社会公共利益和政府采购当事人的合法权益，依据《中华人民共和国政府采购法》（以下简称政府采购法）和其他法律、行政法规的有关规定，制定本办法。

第二条 采购人、采购代理机构采用非招标采购方式采购货物、工程和服务的，适用本办法。

本办法所称非招标采购方式，是指竞争性谈判、单一来源采购和询价采购方式。

竞争性谈判是指谈判小组与符合资格条件的供应商就采购货物、工程和服务事宜进行谈判，供应商按照谈判文件的要求提交响应文件和最后报价，采购人从谈判小组提出的成交候选人中确定成交供应商的采购方式。

单一来源采购是指采购人从某一特定供应商处采购货物、工程和服务的采购方式。

询价是指询价小组向符合资格条件的供应商发出采购货物询价通知书，要求供应商一次报出不得更改的价格，采购人从询价小组提出的成交候选人中确定成交供应商的采购方式。

第三条 采购人、采购代理机构采购以下货物、工程和服务之一的，可以采用竞争性谈判、单一来源采购方式采购；采购货物的，还可以采用询价采购方式：

（一）依法制定的集中采购目录以内，且未达到公开招标数额标准的货物、服务；

（二）依法制定的集中采购目录以外、采购限额标准以上，且未达到公开招标数额标准的货物、服务；

（三）达到公开招标数额标准、经批准采用非公开招标方式的货物、服务；

（四）按照招标投标法及其实施条例必须进行招标的工程建设项目以外的政府采购工程。

第二章 一般规定

第四条 达到公开招标数额标准的货物、服务采购项目，拟采用非招标采购方式的，采购人应当在采购活动开始前，报经主管预算单位同意后，向设区的市、自治州以上人民政府财政部门申请批准。

第五条 根据本办法第四条申请采用非招标采购方式采购的，采购人应当向财政部门提交以下材料并对材料的真实性负责：

（一）采购人名称、采购项目名称、项目概况等项目基本情况说明；

（二）项目预算金额、预算批复文件或者资金来源证明；

（三）拟申请采用的采购方式和理由。

第六条 采购人、采购代理机构应当按照政府采购法和本办法的规定组织开展非招标采购活动，并采取必要措施，保证评审在严格保密的情况下进行。

任何单位和个人不得非法干预、影响评审过程和结果。

第七条 竞争性谈判小组或者询价小组由采购人代表和评审专家共3人以上单数组成，其中评审专家人数不得少于竞争性谈判小组或者询价小组成员总数的2/3。采购人不得以评审专家身份参加本部门或本单位采购项目的评审。采购代理机构人员不得参加本机构代理的采购项目的评审。

达到公开招标数额标准的货物或者服务采购项目，或者达到招标规模标准的政府采购工程，竞争性谈判小组或者询价小组应当由5人以上单数组成。

采用竞争性谈判、询价方式采购的政府采购项目，评审专家应当从政府采购评审专家库内相关专业的专家名单中随机抽取。技术复杂、专业性强的竞争性谈判采购项目，通过随机方式难以确定合适的评审专家的，经主管预算单位同意，可以自行选定评审专家。技术复杂、专业性强的竞争性谈判采购项目，评审专家中应当包含1名法律专家。

第八条 竞争性谈判小组或者询价小组在采购活动过程中应当履行下列职责：

（一）确认或者制定谈判文件、询价通知书；

（二）从符合相应资格条件的供应商名单中确定不少于3家的供应商参加谈判或者询价；

（三）审查供应商的响应文件并作出评价；

（四）要求供应商解释或者澄清其响应文件；

（五）编写评审报告；

（六）告知采购人、采购代理机构在评审过程中发现的供应商的违法违规行为。

第九条 竞争性谈判小组或者询价小组成员应当履行下列义务：

（一）遵纪守法，客观、公正、廉洁地履行职责；

（二）根据采购文件的规定独立进行评审，对个人的评审意见承担法律责任；

（三）参与评审报告的起草；

（四）配合采购人、采购代理机构答复供应商提出的质疑；

（五）配合财政部门的投诉处理和监督检查工作。

第十条 谈判文件、询价通知书应当根据采购项目的特点和采购人的实际需求制定，并经采购人书面同意。采购人应当以满足实际需求为原则，不得擅自提高经费预算和资产配置等采购标准。

谈判文件、询价通知书不得要求或者标明供应商名称或者特定货物的品牌，不得含有指向特定供应商的技术、服务等条件。

第十一条 谈判文件、询价通知书应当包括供应商资格条件、采购邀请、采购方式、采购预算、采购需求、采购程序、价格构成或者报价要求、响应文件编制要求、提交响应文件截止时间及地点、保证金交纳数额和形式、评定成交的标准等。

谈判文件除本条第一款规定的内容外，还应当明确谈判小组根据与供应商谈判情况可能实质性变动的内容，包括采购需求中的技术、服务要求以及合同草案条款。

第十二条 采购人、采购代理机构应当通过发布公告、从省级以上财政部门建立的供应商库中随机抽取或者采购人和评审专家分别书面推荐的方式邀请不少于3家符合相应资格条件的供应商参与竞争性谈判或者询价采购活动。

符合政府采购法第二十二条第一款规定条件的供应商可以在采购活动开始前加入供应商库。财政部门不得对供应商申请入库收取任何费用，不得利用供应商库进行地区和行业封锁。

采取采购人和评审专家书面推荐方式选择供应商的，采购人和评审专家应当各自出具书面推荐意见。采购人推荐供应商的比例不得高于推荐供应商总数的50%。

第十三条　供应商应当按照谈判文件、询价通知书的要求编制响应文件，并对其提交的响应文件的真实性、合法性承担法律责任。

第十四条　采购人、采购代理机构可以要求供应商在提交响应文件截止时间之前交纳保证金。保证金应当采用支票、汇票、本票、网上银行支付或者金融机构、担保机构出具的保函等非现金形式交纳。保证金数额应当不超过采购项目预算的2%。

供应商为联合体的，可以由联合体中的一方或者多方共同交纳保证金，其交纳的保证金对联合体各方均具有约束力。

第十五条　供应商应当在谈判文件、询价通知书要求的截止时间前，将响应文件密封送达指定地点。在截止时间后送达的响应文件为无效文件，采购人、采购代理机构或者谈判小组、询价小组应当拒收。

供应商在提交询价响应文件截止时间前，可以对所提交的响应文件进行补充、修改或者撤回，并书面通知采购人、采购代理机构。补充、修改的内容作为响应文件的组成部分。补充、修改的内容与响应文件不一致的，以补充、修改的内容为准。

第十六条　谈判小组、询价小组在对响应文件的有效性、完整性和响应程度进行审查时，可以要求供应商对响应文件中含义不明确、同类问题表述不一致或者有明显文字和计算错误的内容等作出必要的澄清、说明或者更正。供应商的澄清、说明或者更正不得超出响应文件的范围或者改变响应文件的实质性内容。

谈判小组、询价小组要求供应商澄清、说明或者更正响应文件应当以书面形式作出。供应商的澄清、说明或者更正应当由法定代表人或其授权代表签字或者加盖公章。由授权代表签字的，应当附法定代表人授权书。供应商为自然人的，应当由本人签字并附身份证明。

第十七条　谈判小组、询价小组应当根据评审记录和评审结果编写

评审报告,其主要内容包括:

(一)邀请供应商参加采购活动的具体方式和相关情况,以及参加采购活动的供应商名单;

(二)评审日期和地点,谈判小组、询价小组成员名单;

(三)评审情况记录和说明,包括对供应商的资格审查情况、供应商响应文件评审情况、谈判情况、报价情况等;

(四)提出的成交候选人的名单及理由。

评审报告应当由谈判小组、询价小组全体人员签字认可。谈判小组、询价小组成员对评审报告有异议的,谈判小组、询价小组按照少数服从多数的原则推荐成交候选人,采购程序继续进行。对评审报告有异议的谈判小组、询价小组成员,应当在报告上签署不同意见并说明理由,由谈判小组、询价小组书面记录相关情况。谈判小组、询价小组成员拒绝在报告上签字又不书面说明其不同意见和理由的,视为同意评审报告。

第十八条 采购人或者采购代理机构应当在成交供应商确定后2个工作日内,在省级以上财政部门指定的媒体上公告成交结果,同时向成交供应商发出成交通知书,并将竞争性谈判文件、询价通知书随成交结果同时公告。成交结果公告应当包括以下内容:

(一)采购人和采购代理机构的名称、地址和联系方式;

(二)项目名称和项目编号;

(三)成交供应商名称、地址和成交金额;

(四)主要成交标的的名称、规格型号、数量、单价、服务要求;

(五)谈判小组、询价小组成员名单及单一来源采购人员名单。

采用书面推荐供应商参加采购活动的,还应当公告采购人和评审专家的推荐意见。

第十九条 采购人与成交供应商应当在成交通知书发出之日起30日内,按照采购文件确定的合同文本以及采购标的、规格型号、采购金额、采购数量、技术和服务要求等事项签订政府采购合同。

采购人不得向成交供应商提出超出采购文件以外的任何要求作为签订合同的条件，不得与成交供应商订立背离采购文件确定的合同文本以及采购标的、规格型号、采购金额、采购数量、技术和服务要求等实质性内容的协议。

第二十条 采购人或者采购代理机构应当在采购活动结束后及时退还供应商的保证金，但因供应商自身原因导致无法及时退还的除外。未成交供应商的保证金应当在成交通知书发出后5个工作日内退还，成交供应商的保证金应当在采购合同签订后5个工作日内退还。

有下列情形之一的，保证金不予退还：

（一）供应商在提交响应文件截止时间后撤回响应文件的；

（二）供应商在响应文件中提供虚假材料的；

（三）除因不可抗力或谈判文件、询价通知书认可的情形以外，成交供应商不与采购人签订合同的；

（四）供应商与采购人、其他供应商或者采购代理机构恶意串通的；

（五）采购文件规定的其他情形。

第二十一条 除资格性审查认定错误和价格计算错误外，采购人或者采购代理机构不得以任何理由组织重新评审。采购人、采购代理机构发现谈判小组、询价小组未按照采购文件规定的评定成交的标准进行评审的，应当重新开展采购活动，并同时书面报告本级财政部门。

第二十二条 除不可抗力等因素外，成交通知书发出后，采购人改变成交结果，或者成交供应商拒绝签订政府采购合同的，应当承担相应的法律责任。

成交供应商拒绝签订政府采购合同的，采购人可以按照本办法第三十六条第二款、第四十九条第二款规定的原则确定其他供应商作为成交供应商并签订政府采购合同，也可以重新开展采购活动。拒绝签订政府采购合同的成交供应商不得参加对该项目重新开展的采购活动。

第二十三条 在采购活动中因重大变故，采购任务取消的，采购人或者采购代理机构应当终止采购活动，通知所有参加采购活动的供应商,并将项目实施情况和采购任务取消原因报送本级财政部门。

第二十四条　采购人或者采购代理机构应当按照采购合同规定的技术、服务等要求组织对供应商履约的验收,并出具验收书。验收书应当包括每一项技术、服务等要求的履约情况。大型或者复杂的项目,应当邀请国家认可的质量检测机构参加验收。验收方成员应当在验收书上签字,并承担相应的法律责任。

第二十五条　谈判小组、询价小组成员以及与评审工作有关的人员不得泄露评审情况以及评审过程中获悉的国家秘密、商业秘密。

第二十六条　采购人、采购代理机构应当妥善保管每项采购活动的采购文件。采购文件包括采购活动记录、采购预算、谈判文件、询价通知书、响应文件、推荐供应商的意见、评审报告、成交供应商确定文件、单一来源采购协商情况记录、合同文本、验收证明、质疑答复、投诉处理决定以及其他有关文件、资料。采购文件可以电子档案方式保存。

采购活动记录至少应当包括下列内容:

(一) 采购项目类别、名称;

(二) 采购项目预算、资金构成和合同价格;

(三) 采购方式,采用该方式的原因及相关说明材料;

(四) 选择参加采购活动的供应商的方式及原因;

(五) 评定成交的标准及确定成交供应商的原因;

(六) 终止采购活动的,终止的原因。

第三章　竞争性谈判

第二十七条　符合下列情形之一的采购项目,可以采用竞争性谈判方式采购:

(一) 招标后没有供应商投标或者没有合格标的,或者重新招标未能成立的;

(二) 技术复杂或者性质特殊,不能确定详细规格或者具体要求的;

（三）非采购人所能预见的原因或者非采购人拖延造成采用招标所需时间不能满足用户紧急需要的；

（四）因艺术品采购、专利、专有技术或者服务的时间、数量事先不能确定等原因不能事先计算出价格总额的。

公开招标的货物、服务采购项目，招标过程中提交投标文件或者经评审实质性响应招标文件要求的供应商只有两家时，采购人、采购代理机构按照本办法第四条经本级财政部门批准后可以与该两家供应商进行竞争性谈判采购，采购人、采购代理机构应当根据招标文件中的采购需求编制谈判文件，成立谈判小组，由谈判小组对谈判文件进行确认。符合本款情形的，本办法第三十三条、第三十五条中规定的供应商最低数量可以为两家。

第二十八条　符合本办法第二十七条第一款第一项情形和第二款情形，申请采用竞争性谈判采购方式时，除提交本办法第五条第一至三项规定的材料外，还应当提交下列申请材料：

（一）在省级以上财政部门指定的媒体上发布招标公告的证明材料；

（二）采购人、采购代理机构出具的对招标文件和招标过程是否有供应商质疑及质疑处理情况的说明；

（三）评标委员会或者3名以上评审专家出具的招标文件没有不合理条款的论证意见。

第二十九条　从谈判文件发出之日起至供应商提交首次响应文件截止之日止不得少于3个工作日。

提交首次响应文件截止之日前，采购人、采购代理机构或者谈判小组可以对已发出的谈判文件进行必要的澄清或者修改，澄清或者修改的内容作为谈判文件的组成部分。澄清或者修改的内容可能影响响应文件编制的，采购人、采购代理机构或者谈判小组应当在提交首次响应文件截止之日3个工作日前，以书面形式通知所有接收谈判文件的供应商，不足3个工作日的，应当顺延提交首次响应文件截止之日。

第三十条　谈判小组应当对响应文件进行评审，并根据谈判文件规定的程序、评定成交的标准等事项与实质性响应谈判文件要求的供应商进行谈判。未实质性响应谈判文件的响应文件按无效处理，谈判小组应当告知有关供应商。

第三十一条　谈判小组所有成员应当集中与单一供应商分别进行谈判，并给予所有参加谈判的供应商平等的谈判机会。

第三十二条　在谈判过程中，谈判小组可以根据谈判文件和谈判情况实质性变动采购需求中的技术、服务要求以及合同草案条款，但不得变动谈判文件中的其他内容。实质性变动的内容，须经采购人代表确认。

对谈判文件作出的实质性变动是谈判文件的有效组成部分，谈判小组应当及时以书面形式同时通知所有参加谈判的供应商。

供应商应当按照谈判文件的变动情况和谈判小组的要求重新提交响应文件，并由其法定代表人或授权代表签字或者加盖公章。由授权代表签字的，应当附法定代表人授权书。供应商为自然人的，应当由本人签字并附身份证明。

第三十三条　谈判文件能够详细列明采购标的的技术、服务要求的，谈判结束后，谈判小组应当要求所有继续参加谈判的供应商在规定时间内提交最后报价，提交最后报价的供应商不得少于3家。

谈判文件不能详细列明采购标的的技术、服务要求，需经谈判由供应商提供最终设计方案或解决方案的，谈判结束后，谈判小组应当按照少数服从多数的原则投票推荐3家以上供应商的设计方案或者解决方案，并要求其在规定时间内提交最后报价。

最后报价是供应商响应文件的有效组成部分。

第三十四条　已提交响应文件的供应商，在提交最后报价之前，可以根据谈判情况退出谈判。采购人、采购代理机构应当退还退出谈判的供应商的保证金。

第三十五条　谈判小组应当从质量和服务均能满足采购文件实质性响应要求的供应商中，按照最后报价由低到高的顺序提出3名以上成交候选人，并编写评审报告。

第三十六条 采购代理机构应当在评审结束后 2 个工作日内将评审报告送采购人确认。

采购人应当在收到评审报告后 5 个工作日内，从评审报告提出的成交候选人中，根据质量和服务均能满足采购文件实质性响应要求且最后报价最低的原则确定成交供应商，也可以书面授权谈判小组直接确定成交供应商。采购人逾期未确定成交供应商且不提出异议的，视为确定评审报告提出的最后报价最低的供应商为成交供应商。

第三十七条 出现下列情形之一的，采购人或者采购代理机构应当终止竞争性谈判采购活动，发布项目终止公告并说明原因，重新开展采购活动：

（一）因情况变化，不再符合规定的竞争性谈判采购方式适用情形的；

（二）出现影响采购公正的违法、违规行为的；

（三）在采购过程中符合竞争要求的供应商或者报价未超过采购预算的供应商不足 3 家，但本办法第二十七条第二款规定的情形除外。

第四章　单一来源采购

第三十八条 属于政府采购法第三十一条第一项情形，且达到公开招标数额的货物、服务项目，拟采用单一来源采购方式的，采购人、采购代理机构在按照本办法第四条报财政部门批准之前，应当在省级以上财政部门指定媒体上公示，并将公示情况一并报财政部门。公示期不得少于 5 个工作日，公示内容应当包括：

（一）采购人、采购项目名称和内容；

（二）拟采购的货物或者服务的说明；

（三）采用单一来源采购方式的原因及相关说明；

（四）拟定的唯一供应商名称、地址；

（五）专业人员对相关供应商因专利、专有技术等原因具有唯一性

的具体论证意见,以及专业人员的姓名、工作单位和职称;

(六)公示的期限;

(七)采购人、采购代理机构、财政部门的联系地址、联系人和联系电话。

第三十九条 任何供应商、单位或者个人对采用单一来源采购方式公示有异议的,可以在公示期内将书面意见反馈给采购人、采购代理机构,并同时抄送相关财政部门。

第四十条 采购人、采购代理机构收到对采用单一来源采购方式公示的异议后,应当在公示期满后5个工作日内,组织补充论证,论证后认为异议成立的,应当依法采取其他采购方式;论证后认为异议不成立的,应当将异议意见、论证意见与公示情况一并报相关财政部门。

采购人、采购代理机构应当将补充论证的结论告知提出异议的供应商、单位或者个人。

第四十一条 采用单一来源采购方式采购的,采购人、采购代理机构应当组织具有相关经验的专业人员与供应商商定合理的成交价格并保证采购项目质量。

第四十二条 单一来源采购人员应当编写协商情况记录,主要内容包括:

(一)依据本办法第三十八条进行公示的,公示情况说明;

(二)协商日期和地点,采购人员名单;

(三)供应商提供的采购标的成本、同类项目合同价格以及相关专利、专有技术等情况说明;

(四)合同主要条款及价格商定情况。

协商情况记录应当由采购全体人员签字认可。对记录有异议的采购人员,应当签署不同意见并说明理由。采购人员拒绝在记录上签字又不书面说明其不同意见和理由的,视为同意。

第四十三条 出现下列情形之一的,采购人或者采购代理机构应当终止采购活动,发布项目终止公告并说明原因,重新开展采购活动:

（一）因情况变化，不再符合规定的单一来源采购方式适用情形的；

（二）出现影响采购公正的违法、违规行为的；

（三）报价超过采购预算的。

第五章　询　　价

第四十四条　询价采购需求中的技术、服务等要求应当完整、明确，符合相关法律、行政法规和政府采购政策的规定。

第四十五条　从询价通知书发出之日起至供应商提交响应文件截止之日止不得少于3个工作日。

提交响应文件截止之日前，采购人、采购代理机构或者询价小组可以对已发出的询价通知书进行必要的澄清或者修改，澄清或者修改的内容作为询价通知书的组成部分。澄清或者修改的内容可能影响响应文件编制的，采购人、采购代理机构或者询价小组应当在提交响应文件截止之日3个工作日前，以书面形式通知所有接收询价通知书的供应商，不足3个工作日的，应当顺延提交响应文件截止之日。

第四十六条　询价小组在询价过程中，不得改变询价通知书所确定的技术和服务等要求、评审程序、评定成交的标准和合同文本等事项。

第四十七条　参加询价采购活动的供应商，应当按照询价通知书的规定一次报出不得更改的价格。

第四十八条　询价小组应当从质量和服务均能满足采购文件实质性响应要求的供应商中，按照报价由低到高的顺序提出3名以上成交候选人，并编写评审报告。

第四十九条　采购代理机构应当在评审结束后2个工作日内将评审报告送采购人确认。

采购人应当在收到评审报告后5个工作日内，从评审报告提出的成交候选人中，根据质量和服务均能满足采购文件实质性响应要求且报价最低的原则确定成交供应商，也可以书面授权询价小组直接确定成交供应商。采购人逾期未确定成交供应商且不提出异议的，视为确定评审报告提出的最后报价最低的供应商为成交供应商。

第五十条 出现下列情形之一的，采购人或者采购代理机构应当终止询价采购活动，发布项目终止公告并说明原因，重新开展采购活动：

（一）因情况变化，不再符合规定的询价采购方式适用情形的；

（二）出现影响采购公正的违法、违规行为的；

（三）在采购过程中符合竞争要求的供应商或者报价未超过采购预算的供应商不足3家的。

第六章 法律责任

第五十一条 采购人、采购代理机构有下列情形之一的，责令限期改正，给予警告；有关法律、行政法规规定处以罚款的，并处罚款；涉嫌犯罪的，依法移送司法机关处理：

（一）未按照本办法规定在指定媒体上发布政府采购信息的；

（二）未按照本办法规定组成谈判小组、询价小组的；

（三）在询价采购过程中与供应商进行协商谈判的；

（四）未按照政府采购法和本办法规定的程序和要求确定成交候选人的；

（五）泄露评审情况以及评审过程中获悉的国家秘密、商业秘密的。

采购代理机构有前款情形之一，情节严重的，暂停其政府采购代理机构资格3至6个月；情节特别严重或者逾期不改正的，取消其政府采购代理机构资格。

第五十二条 采购人有下列情形之一的，责令限期改正，给予警告；有关法律、行政法规规定处以罚款的，并处罚款：

（一）未按照政府采购法和本办法的规定采用非招标采购方式的；

（二）未按照政府采购法和本办法的规定确定成交供应商的；

（三）未按照采购文件确定的事项签订政府采购合同，或者与成交供应商另行订立背离合同实质性内容的协议的；

（四）未按规定将政府采购合同副本报本级财政部门备案的。

第五十三条 采购人、采购代理机构有本办法第五十一条、第五十二条规定情形之一,且情节严重或者拒不改正的,其直接负责的主管人员和其他直接责任人员属于国家机关工作人员的,由任免机关或者监察机关依法给予处分,并予通报。

第五十四条 成交供应商有下列情形之一的,责令限期改正,情节严重的,列入不良行为记录名单,在1至3年内禁止参加政府采购活动,并予以通报:

(一)未按照采购文件确定的事项签订政府采购合同,或者与采购人另行订立背离合同实质性内容的协议的;

(二)成交后无正当理由不与采购人签订合同的;

(三)拒绝履行合同义务的。

第五十五条 谈判小组、询价小组成员有下列行为之一的,责令改正,给予警告;有关法律、行政法规规定处以罚款的,并处罚款;涉嫌犯罪的,依法移送司法机关处理:

(一)收受采购人、采购代理机构、供应商、其他利害关系人的财物或者其他不正当利益的;

(二)泄露评审情况以及评审过程中获悉的国家秘密、商业秘密的;

(三)明知与供应商有利害关系而不依法回避的;

(四)在评审过程中擅离职守,影响评审程序正常进行的;

(五)在评审过程中有明显不合理或者不正当倾向性的;

(六)未按照采购文件规定的评定成交的标准进行评审的。

评审专家有前款情形之一,情节严重的,取消其政府采购评审专家资格,不得再参加任何政府采购项目的评审,并在财政部门指定的政府采购信息发布媒体上予以公告。

第五十六条 有本办法第五十一条、第五十二条、第五十五条违法行为之一,并且影响或者可能影响成交结果的,应当按照下列情形分别处理:

(一)未确定成交供应商的,终止本次采购活动,依法重新开展采购活动；

（二）已确定成交供应商但采购合同尚未履行的，撤销合同，从合格的成交候选人中另行确定成交供应商，没有合格的成交候选人的，重新开展采购活动；

（三）采购合同已经履行的，给采购人、供应商造成损失的，由责任人依法承担赔偿责任。

第五十七条　政府采购当事人违反政府采购法和本办法规定，给他人造成损失的，应当依照有关民事法律规定承担民事责任。

第五十八条　任何单位或者个人非法干预、影响评审过程或者结果的，责令改正；该单位责任人或者个人属于国家机关工作人员的，由任免机关或者监察机关依法给予处分。

第五十九条　财政部门工作人员在实施监督管理过程中违法干预采购活动或者滥用职权、玩忽职守、徇私舞弊的，依法给予处分；涉嫌犯罪的，依法移送司法机关处理。

第七章　附　　则

第六十条　本办法所称主管预算单位是指负有编制部门预算职责，向同级财政部门申报预算的国家机关、事业单位和团体组织。

第六十一条　各省、自治区、直辖市人民政府财政部门可以根据本办法制定具体实施办法。

第六十二条　本办法自 2014 年 2 月 1 日起施行。

法律法规
新解读丛书

实用附录

政府采购法
解读与应用

政府采购方式一览表

采购方式	适用范围
公开招标	公开招标应作为政府采购的主要采购方式。采购人采购货物或者服务应当采用公开招标方式的，其具体数额标准，属于中央预算的政府采购项目，由国务院规定；属于地方预算的政府采购项目，由省、自治区、直辖市人民政府规定；因特殊情况需要采用公开招标以外的采购方式的，应当在采购活动开始前获得设区的市、自治州以上人民政府采购监督管理部门的批准。
邀请招标	（1）具有特殊性，只能从有限范围的供应商处采购的； （2）采用公开招标方式的费用占政府采购项目总价值的比例过大的。
竞争性谈判	（1）招标后没有供应商投标或者没有合格标的或者重新招标未能成立的； （2）技术复杂或者性质特殊，不能确定详细规格或者具体要求的； （3）采用招标所需时间不能满足用户紧急需要的； （4）不能事先计算出价格总额的。
单一来源采购	（1）只能从唯一供应商处采购的； （2）发生了不可预见的紧急情况不能从其他供应商处采购的； （3）必须保证原有采购项目一致性或者服务配套的要求，需要继续从原供应商处添购，且添购资金总额不超过原合同采购金额10%的。
询价	采购的货物规格、标准统一、现货货源充足且价格变化幅度小的政府采购项目。
框架协议采购	（1）集中采购目录以内品目，以及与之配套的必要耗材、配件等，属于小额零星采购的； （2）集中采购目录以外，采购限额标准以上，本部门、本系统行政管理所需的法律、评估、会计、审计等鉴证咨询服务，属于小额零星采购的； （3）集中采购目录以外，采购限额标准以上，为本部门、本系统以外的服务对象提供服务的政府购买服务项目，需要确定2家以上供应商由服务对象自主选择的； （4）国务院财政部门规定的其他情形。

公开招标操作流程图[①]

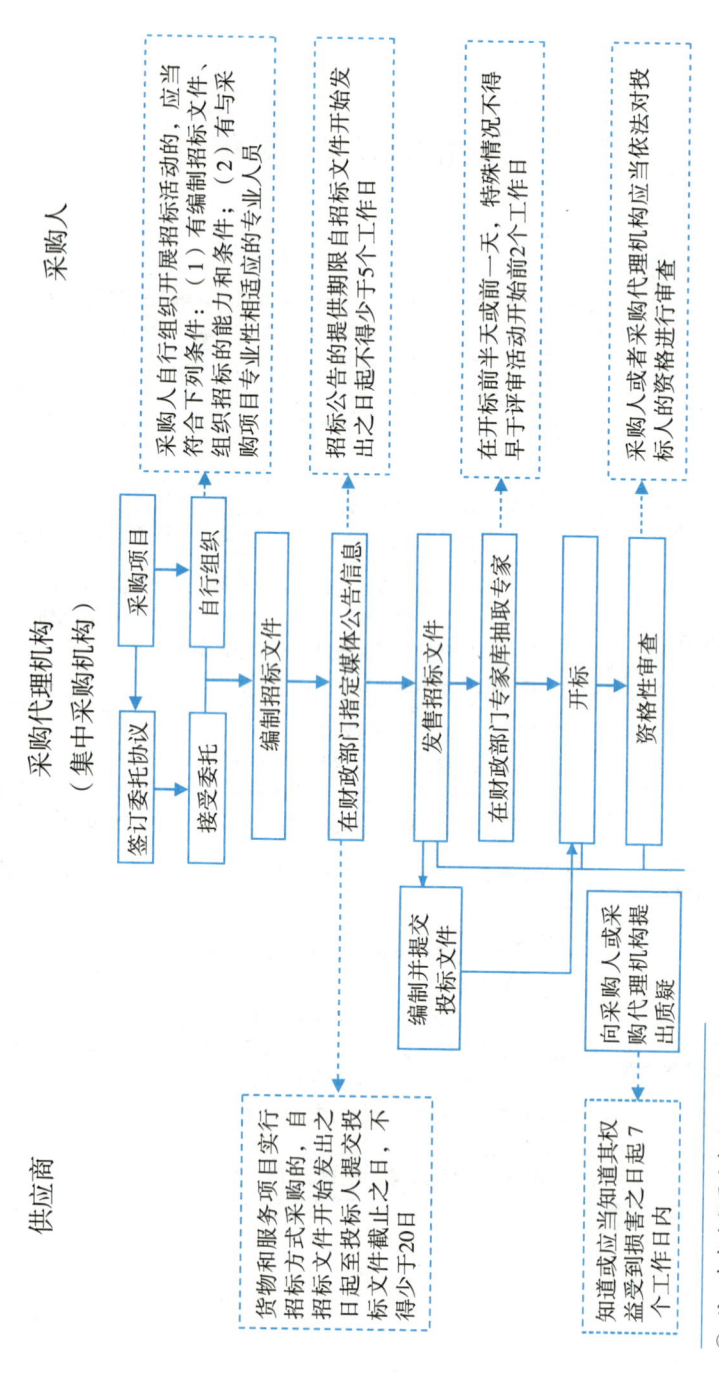

采购代理机构（集中采购机构）

流程：
签订委托协议 → 接受委托 → 采购项目 → 自行组织 → 编制招标文件 → 在财政部门指定媒体公告信息 → 发售招标文件 → 在财政部门专家库抽取专家 → 开标 → 资格性审查

供应商：编制并提交投标文件；向采购代理机构提出质疑

采购人

说明框：
- 采购人自行组织开展招标活动的，应当符合下列条件：（1）有编制招标文件、组织招标的能力和条件；（2）有与采购项目专业性相适应的专业人员
- 招标公告的提供期限自招标文件开始发出之日起不得少于5个工作日
- 在开标前半天或开标前一天，特殊情况不得早于评审活动开始前2个工作日
- 采购人或者采购代理机构应当依法对投标人的资格进行审查

供应商说明框：
- 货物和服务项目实行招标方式采购的，自招标文件开始发出之日起至投标人提交投标文件截止之日，不得少于20日
- 知道或应当知道其权益受到损害之日起7个工作日内

[①] 注：本书流程图均来源于江苏政府采购网（http://www.ccgp-jiangsu.gov.cn/），略有修改，下同。

续图

```
                                    ┌─────────────────────────────┐
                                    │ 评标委员会成员由采购人代表和有关技 │
                                    │ 术、经济等专家组成,成员人数应为5人 │
                                    │ 以上单数,技术复杂、社会影响较大、   │
                                    │ 评审专家不少于2/3;1000万元   │
                                    │ 以上的,评标委员会成员人数应为7人以上单数 │
                                    └─────────────────────────────┘
                                              ↑
    ──────────────→ [评标] ──────→ 
                                              
                                    ┌─────────────────────────────┐
                                    │ 采购人应当在收到评标报告后5个工作日 │
                                    │ 内,确定中标供应商              │
                                    └─────────────────────────────┘
                                              ↑
                    [确定中标供应商] ──────→
                    
                                    ┌─────────────────────────────┐
                                    │ 采购人或者采购代理机构应当自中标供  │
                                    │ 应商确定之日起2个工作日内,在省级以 │
                                    │ 上财政部门指定的媒体上公告中标结果, │
                                    │ 招标文件应当随中标结果同时公告,中标 │
                                    │ 公告期限为1个工作日             │
                                    └─────────────────────────────┘
                                              ↑
              [发出中标通知书,并在财政部门指定媒体公布结果] ─→
              
                                    ┌─────────────────────────────┐
                                    │ 采购人应当自中标通知书发出之日起30日 │
                                    │ 内与中标供应商签订政府采购合同      │
                                    └─────────────────────────────┘
                                              ↑
                    [与中标供应商签订合同] ──────→
                    
                                    ┌─────────────────────────────┐
                                    │ 采购人应当及时对采购项目进行验收,   │
                                    │ 或者第三方机构参与验收。参与验收的投标人│
                                    │ 或者第三方机构的意见作为验收书的    │
                                    │ 参考资料一并存档                │
                                    └─────────────────────────────┘
                                              ↑
                    [合同履约及验收] ──────→
                    
                    [申请支付资金]
```

```
    ┌─────────────────┐     ┌─────────────────┐     ┌─────────────────┐
    │ 采购人或采购代理机 │     │ 对答复不满意或者未 │     │ 同级人民政府       │
    │ 构机构应在收到书面 │     │ 在规定时间内作出答 │     │ 财政部门参照       │
    │ 质疑函后7个工作日 │     │ 复,可在答复期满后 │     │ "政府采购投        │
    │ 内作出书面答复     │     │ 15个工作日向同级  │     │ 诉处理流程图"      │
    └─────────────────┘     │ 人民政府财政部门提 │     │ 进行处理          │
             ↑              │ 出书面投诉        │     └─────────────────┘
             │              └─────────────────┘              ↑
    ─────────┘                       ↓                       │
                            [向同级人民政]                    │
                            [府财政部门提]───────────────────┘
                            [出书面投诉 ]
```

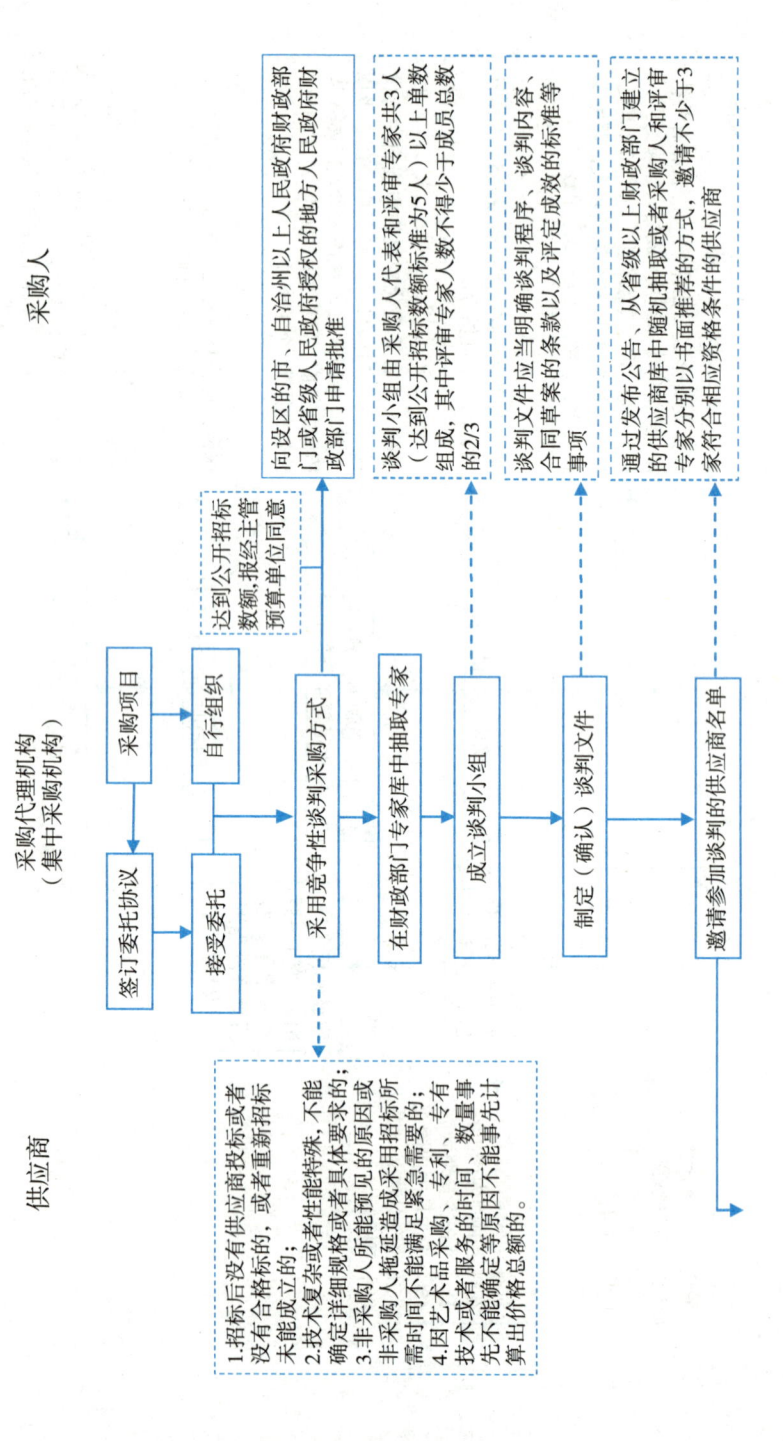

竞争性谈判操作流程图

采购代理机构
（集中采购机构）

采购人

供应商

```
签订委托协议 → 采购项目 → 自行组织
      ↓              ↓
   接受委托      达到公开招标
                数额，报经主管
                预算单位同意
                     ↓
         采用竞争性谈判采购方式 → 向设区的市、自治州以上人民政府财政部
                ↓                门或省级人民政府授权的地方人民政府财
         在财政部门专家库中抽取专家    政部门申请批准
                ↓
            成立谈判小组 → 谈判小组由采购人代表和评审专家共3人
                ↓            （达到公开招标数额标准为5人）以上单数
         制定（确认）谈判文件    组成，其中评审专家人数不得少于成员总数
                ↓                   的2/3
         邀请参加谈判的供应商名单
                ↓          → 谈判文件应当明确谈判程序、谈判内容、
                              合同草案的条款以及评定成交的标准等
                              事项

                            → 通过发布公告、从省级以上财政部门建立
                              的供应商库中随机抽取或者书面推荐的方式，
                              专家分别以书面推荐的方式，邀请不少于3
                              家符合相应资格条件的供应商
```

供应商

1. 招标后没有供应商投标或者
   没有合格标的，或者重新招标
   未能成立的；
2. 技术复杂或者性能特殊，不能
   确定详细规格或者具体要求的；
3. 非采购人所能预见的原因或
   因采购人拖延造成采用招标所
   需时间不能满足紧急需要的；
4. 因艺术品采购、专利、专有
   技术或者服务的时间、数量事
   先不能确定等原因不能事先计
   算出价格总额的。

续图

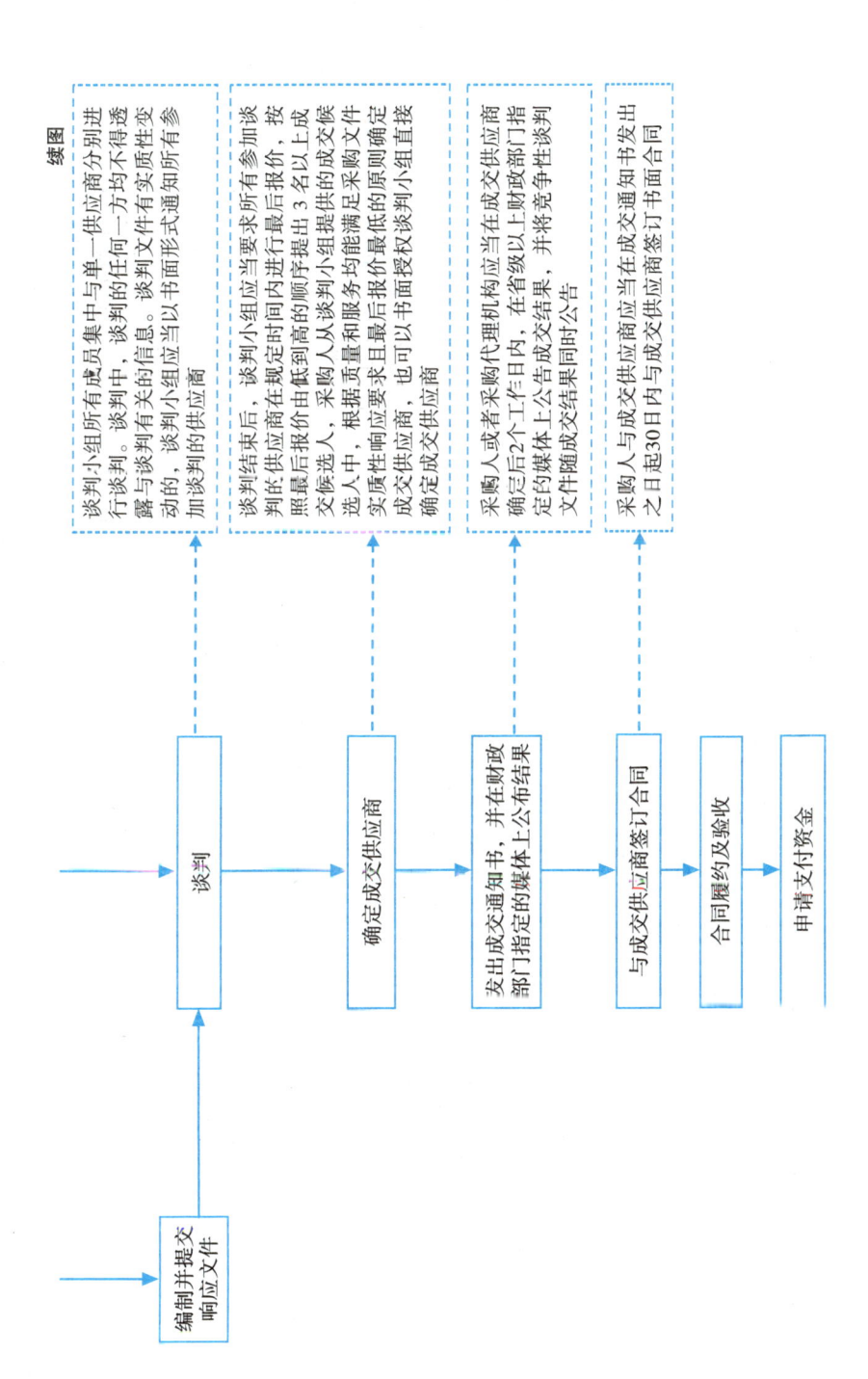

```
┌─────────────────────────┐
│ 编制并提交响应文件       │
└──────────┬──────────────┘
           │
           ▼
┌─────────────────────────┐      谈判小组所有成员集中与单一供应商分别进
│ 谈判                     │ ---- 行谈判。谈判中，谈判的任何一方均不得透
└──────────┬──────────────┘      露与谈判有关的信息。谈判文件有实质性变
           │                      动的，谈判小组应当以书面形式通知所有参
           ▼                      加谈判的供应商
┌─────────────────────────┐      谈判结束后，谈判小组应当要求所有参加谈
│ 确定成交供应商           │ ---- 判的供应商在规定时间内进行最后报价，按
└──────────┬──────────────┘      照供应商最后报价由低到高的顺序提出3名以上成
           │                      交候选人，采购人从谈判小组提供的成交候
           ▼                      选人中，根据质量和服务均能满足采购文件
┌─────────────────────────┐      实质性响应要求且最后报价最低的原则确定
│ 发出成交通知书，并在财政 │      成交供应商，也可以书面授权谈判小组直接
│ 部门指定的媒体上公布结果 │ ---- 确定成交供应商
└──────────┬──────────────┘      
           │                      采购人或者采购代理机构应当在成交供应商
           ▼                      确定后2个工作日内，在省级以上财政部门指
┌─────────────────────────┐      定的媒体上公告成交结果，并将竞争性谈判
│ 与成交供应商签订合同     │ ---- 文件随成交结果同时公告
└──────────┬──────────────┘      
           │                      采购人与成交供应商应当在成交通知书发出
           ▼                      之日起30日内与成交供应商签订书面合同
┌─────────────────────────┐
│ 合同履约及验收           │
└──────────┬──────────────┘
           │
           ▼
┌─────────────────────────┐
│ 申请支付资金             │
└─────────────────────────┘
```

单一来源操作流程图

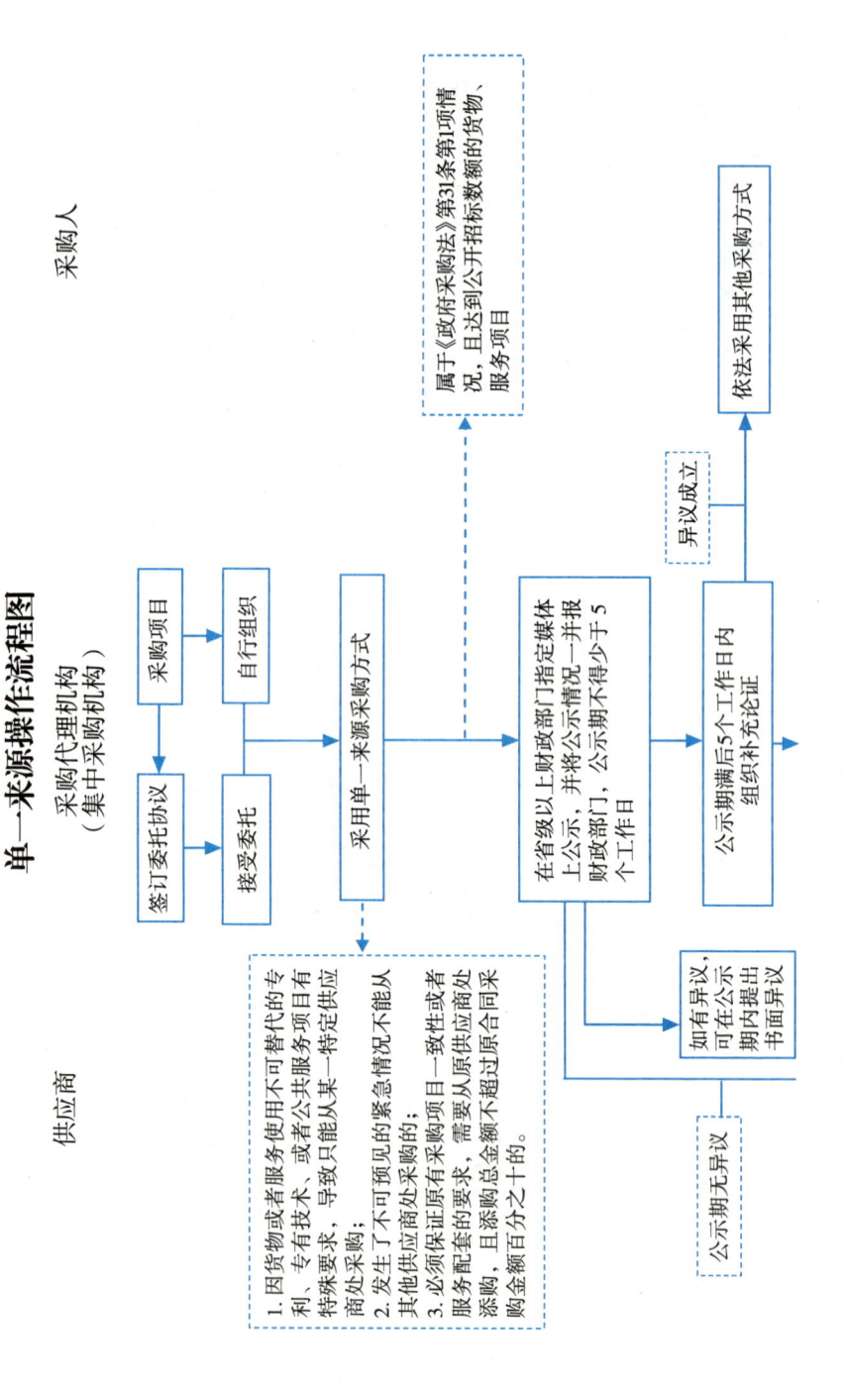

采购代理机构（集中采购机构）

采购项目 → 自行组织
签订委托协议 → 接受委托

↓

采用单一来源采购方式

↓

在省级以上财政部门指定媒体上公示，并将公示情况一并报财政部门，公示期不得少于5个工作日

↓

公示期满后5个工作日内组织补充论证

↓ 异议成立 → 依法采用其他采购方式

采购人

属于《政府采购法》第31条第1项情况，且达到公开招标标数额的货物、服务项目

供应商

1. 因货物或者服务使用不可替代的专利、专有技术，或者公共服务项目有特殊要求，导致只能从某一特定供应商处采购；
2. 发生了不可预见的紧急情况不能从其他供应商处采购的；
3. 必须保证原有采购项目一致性或者服务配套的要求，需要从原供应商处添购，且添购资金总额不超过原合同采购金额百分之十的。

如有异议，可在公示期内提出书面异议

公示期无异议

202

续图

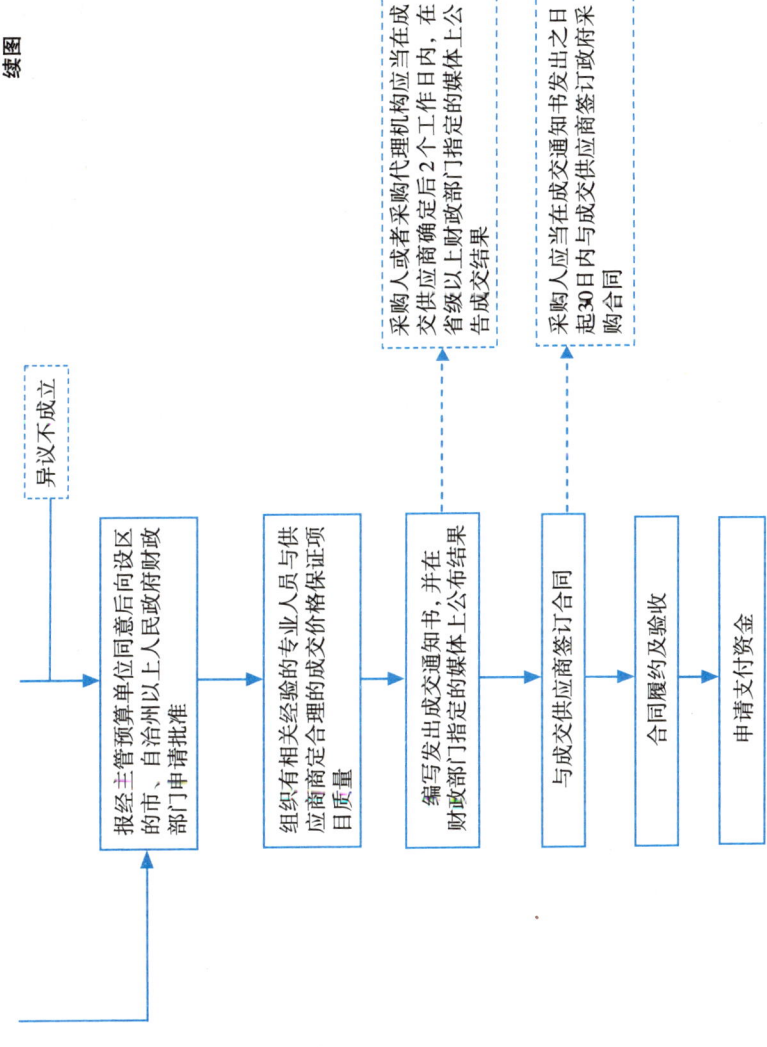

```
                                      ┌─ 异议不成立 ─┐
                                      │              │
                                      ▼              │
                            ┌─────────────────────┐  │
                            │ 报经主管预算单位同意后向设区 │  │
                            │ 的市、自治州以上人民政府财政 │  │
                            │ 部门申请批准         │  │
                            └─────────────────────┘  │
                                      │              │
                                      ▼              │
                            ┌─────────────────────┐  │
                            │ 组织有相关经验的专业人员与供 │  │
                            │ 应商确定合理的成交价格保证项 │  │
                            │ 目质量               │  │
                            └─────────────────────┘  │
                                      │              │
                                      ▼              │
                            ┌─────────────────────┐     采购人或者采购代理机构应当在成
                            │ 编写发出成交通知书,并在 │ ┄┄▶ 交供应商确定后2个工作日内,在
                            │ 财政部门指定的媒体上公布结果│     省级以上财政部门指定的媒体上公
                            └─────────────────────┘     告成交结果
                                      │
                                      ▼
                            ┌─────────────────────┐     采购人应当在成交通知书发出之日
                            │ 与成交供应商签订合同   │ ┄┄▶ 起30日内与成交供应商签订政府采
                            └─────────────────────┘     购合同
                                      │
                                      ▼
                            ┌─────────────────────┐
                            │ 合同履约及验收       │
                            └─────────────────────┘
                                      │
                                      ▼
                            ┌─────────────────────┐
                            │ 申请支付资金         │
                            └─────────────────────┘
```

邀请招标操作流程图

采购代理机构（集中采购机构）

采购人

供应商

流程主线：
采购项目 → 签订委托协议 / 接受委托 → 自行组织 → 采用邀请招标采购方式 → 产生符合资格条件的供应商名单 → 随机邀请3家以上供应商投标 → 发出投标邀请书和招标文件 → 在财政部门专家库中抽取专家 → 评标

供应商：递交投标文件 → 评标

采用邀请招标采购方式说明：
1. 具有特殊性，只能从有限范围的供应商处采购的；
2. 采用公开招标方式的费用占政府采购项目总价值比例过大的。

产生符合资格条件的供应商名单：
通过发布资格预审公告征集，从省级以上人民政府财政部门建立的供应商库中随机抽取或者采购人以书面推荐的方式，邀请3家以上符合相应资格条件的供应商。其中，采用后两种方式产生符合资格条件的供应商名单的，备选的符合资格条件的供应商总数不得少于拟随机抽取供应商总数的两倍

发出投标邀请书和招标文件：
自招标文件发出至投标截止日不得少于20日

在财政部门专家库中抽取专家：
在开标前一天，特殊情况不得早于评审活动开始前2个工作日

评标：
评标委员会成员由采购人代表和有关技术、经济等专家组成，成员人数应为5人以上单数，评审专家不少于2/3；1000万元以上、技术复杂、社会影响较大，评标委员会成员人数应为7人以上单数

204

续图

流程	说明
确定中标供应商	采购人应当在收到评标报告后5个工作日内,确定中标供应商
发出中标通知书,并在财政部门指定的媒体上公布结果	采购人或者采购代理机构应当自中标供应商确定之日起2个工作日内,在省级以上财政部门指定的媒体上公告中标结果,招标文件应当随中标结果同时公告,公告期限为1个工作日
与中标供应商签订合同	采购人应当自中标通知书发出之日起30日内与中标供应商签订政府采购合同
合同履约及验收	采购人应当及时对采购项目进行验收,采购人可以邀请参加本项目的其他投标人或者第三方机构参与验收。参与验收的投标人或者第三方机构的意见作为验收书的参考资料一并存档
申请支付资金	

询价操作流程图

采购代理机构
（集中采购机构）

采购人

供应商

流程节点（自上而下）：
- 采购项目
- 签订委托协议 → 接受委托
- 自行组织
- 采用询价采购方式
- 在财政部门专家库中抽取专家
- 成立询价小组
- 制定（确认）询价通知书

说明框：
- 达到公开招标数额，报经主管预算单位同意
- 向设区的市、自治州以上人民政府财政部门或省级人民政府授权的地方人民政府财政部门申请批准
- 询价小组由采购人代表和评审专家共3人以上单数组成，其中评审专家人数不得少于成员总数的2/3（达到公开招标标准为5人）
- 询价通知书应当明确谈判程序、谈判内容、合同草案的条款以及评定成交的标准等事项

206

续图

```
确定被询价的供应商名单  ──→  通过发布公告、从省级以上财政部门建立的供应商库中随机抽取或者采购人和评审专家分别以书面推荐的方式，邀请不少于3家符合相应资格条件的供应商

         ↓
        ↑
  ┌──────────────┐
  │ 从询价通知书发出之│
  │ 日起至供应商提交响│
  │ 应文件截止之日止不│
  │ 得少于3个工作日 │
  └──────────────┘
        ↑
  编制并提交响应文件

询价  ──→  询价小组要求被询价的供应商一次报出不得更改的价格

确定成交供应商 ──→ 采购人应当在收到评审报告后5个工作日内，从评审报告提出的成交候选人中，根据质量和服务均能满足采购文件实质性响应要求且报价最低的原则确定成交供应商，也可以书面授权询价小组直接确定成交供应商

发出成交通知书，并在财政部门 ──→ 采购人或者采购代理机构应当在成交供应
指定的媒体上公告结果           商确定后2个工作日内，在省级以上财政部
                              门指定的媒体上公告成交结果，并将询价
                              通知书随成交结果同时公告

与成交供应商签订合同 ──→ 采购人应当在成交通知书发出之日起30日内与成交供应商签订政府采购合同

合同履约及验收

申请支付资金
```

竞争性磋商操作流程图

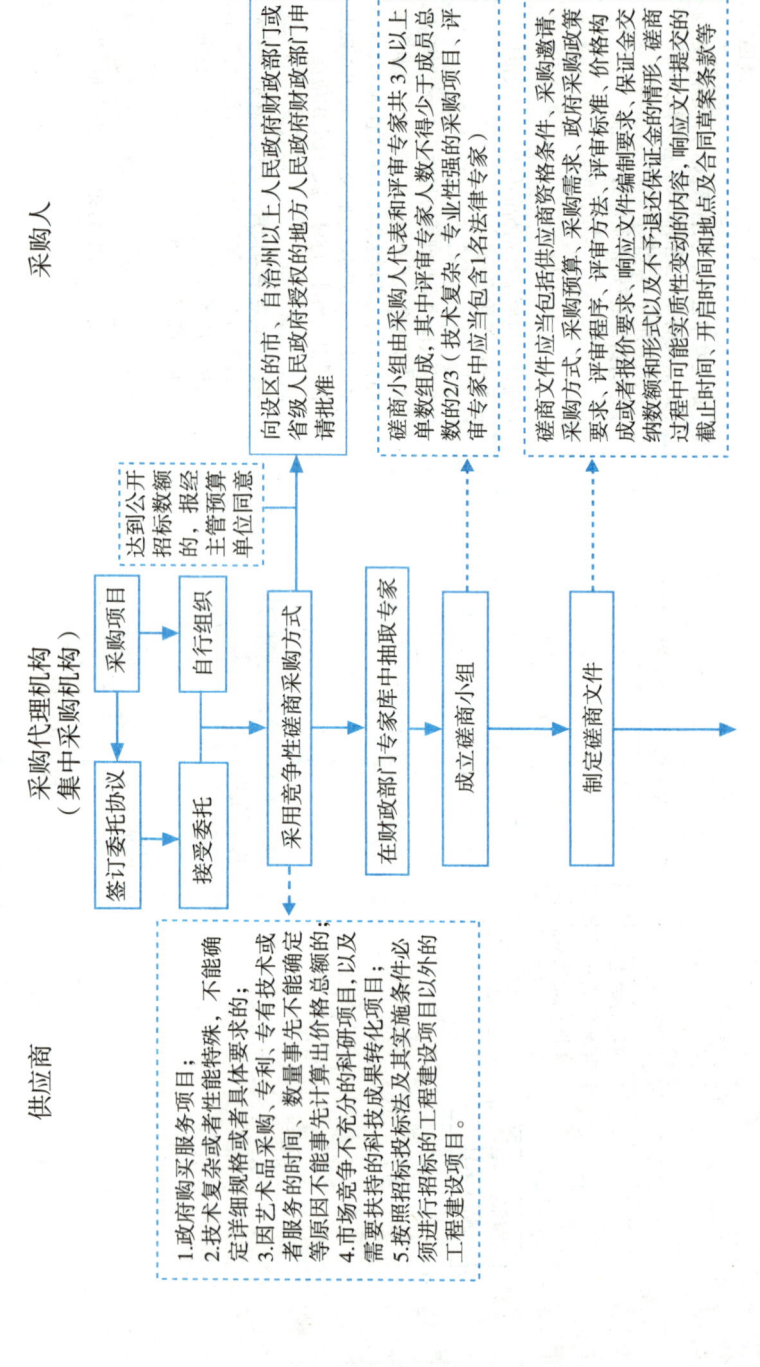

采购代理机构（集中采购机构） → **采购人**

供应商

流程节点：
- 签订委托协议
- 接受委托
- 采购项目
- 自行组织
- 采用竞争性磋商采购方式
- 在财政部门专家库中抽取专家
- 成立磋商小组
- 制定磋商文件

达到公开招标数额的，报经主管预算单位同意

供应商情形（虚线框）：
1. 政府购买服务项目；
2. 技术复杂或者性能特殊，不能确定详细规格或者具体要求的；
3. 因艺术品采购、专利、专有技术或者服务的时间、数量事先不能确定等原因不能事先计算出价格总额的；
4. 市场竞争不充分的科研项目，以及需要扶持的科技成果转化项目；
5. 按照招标投标法及其实施条例必须进行招标的工程建设项目以外的工程建设项目。

采用竞争性磋商采购方式说明：
向设区的市、自治州以上人民政府财政部门或省级人民政府授权的地方人民政府财政部门申请批准

磋商小组构成：
磋商小组应当由采购人代表和评审专家共3人以上单数组成，其中评审专家人数不得少于成员总数的2/3（技术复杂、专业性强的采购项目，评审专家中应当包含1名法律专家）

磋商文件内容：
磋商文件应当包括供应商资格条件、采购邀请、采购方式、采购预算、采购需求、政府采购政策要求、评审程序、评审方法、评审标准、价格交成或者报价要求、评审编制要求、保证金交纳数额和形式以及不予退还保证金的情形、磋商过程中可能实质性变动的内容、响应文件提交的截止时间，开启时间和地点及合同草案条款等

208

续图

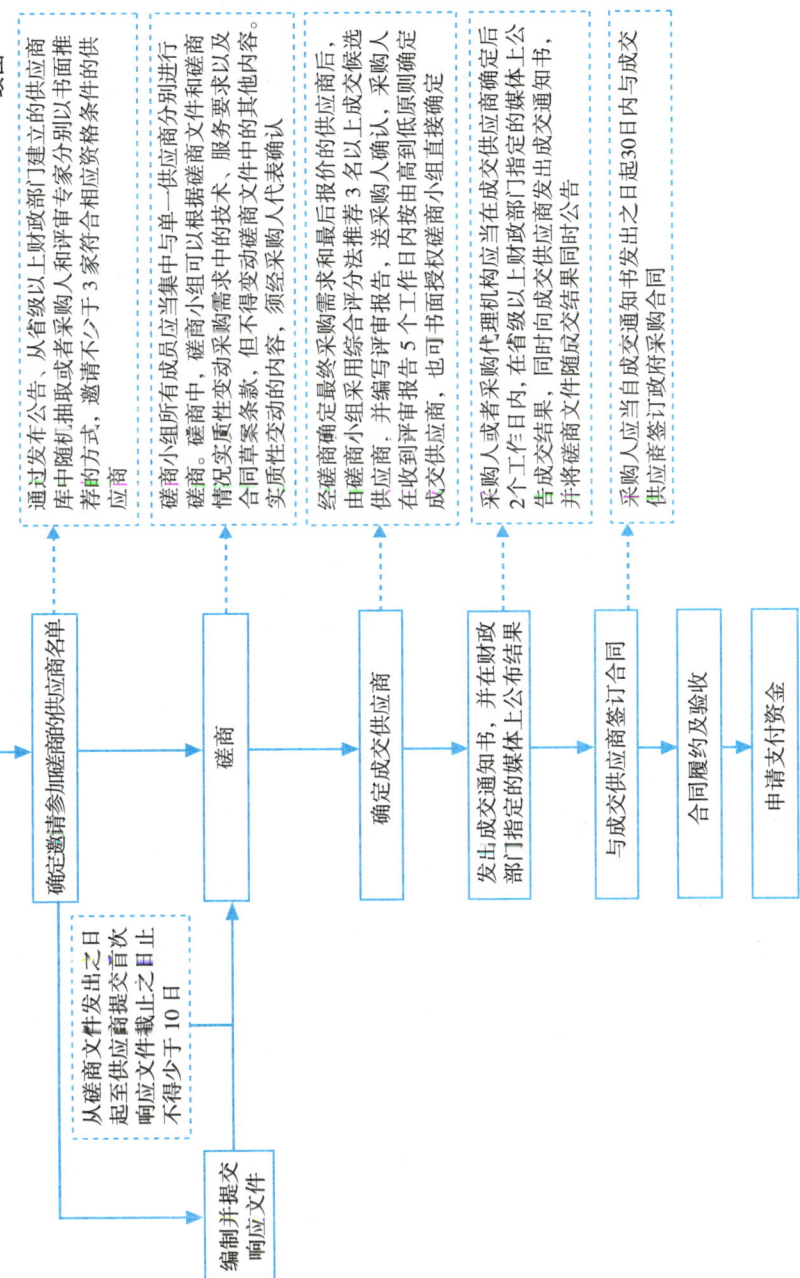

流程步骤：

1. **确定邀请参加磋商的供应商名单**
   - 通过发布公告、从已公告的供应商库中随机抽取或者采购人和评审专家分别以书面推荐的方式，邀请不少于3家符合相应资格条件的供应商

2. **编制并提交响应文件**
   - 从磋商文件发出之日起至供应商提交首次响应文件截止之日止不得少于10日

3. **磋商**
   - 磋商小组所有成员应当集中与单一供应商分别进行磋商。磋商中，磋商小组可以根据磋商文件和磋商情况实质性变动磋商需求中的技术、服务要求以及合同草案条款，但不得变动磋商文件中的其他内容。实质性变动的内容，须经采购人代表确认

4. **确定成交供应商**
   - 经磋商确定最终采用综合评分法推荐3名以上成交候选供应商，并编写评审报告。采购人在收到评审报告5个工作日内按由高到低原则确定成交供应商，也可书面授权磋商小组直接确定

5. **发出成交通知书，并在财政部门指定的媒体上公布结果**
   - 采购人或采购代理机构应当在成交供应商确定后2个工作日内，在省级以上财政部门指定的媒体上公告成交结果，同时向成交供应商发出成交通知书，并将磋商文件随成交通知书同时公告

6. **与成交供应商签订合同**
   - 采购人应当自成交通知书发出之日起30日内与成交供应商签订政府采购合同

7. **合同履约及验收**

8. **申请支付资金**

政府采购质疑处理流程图

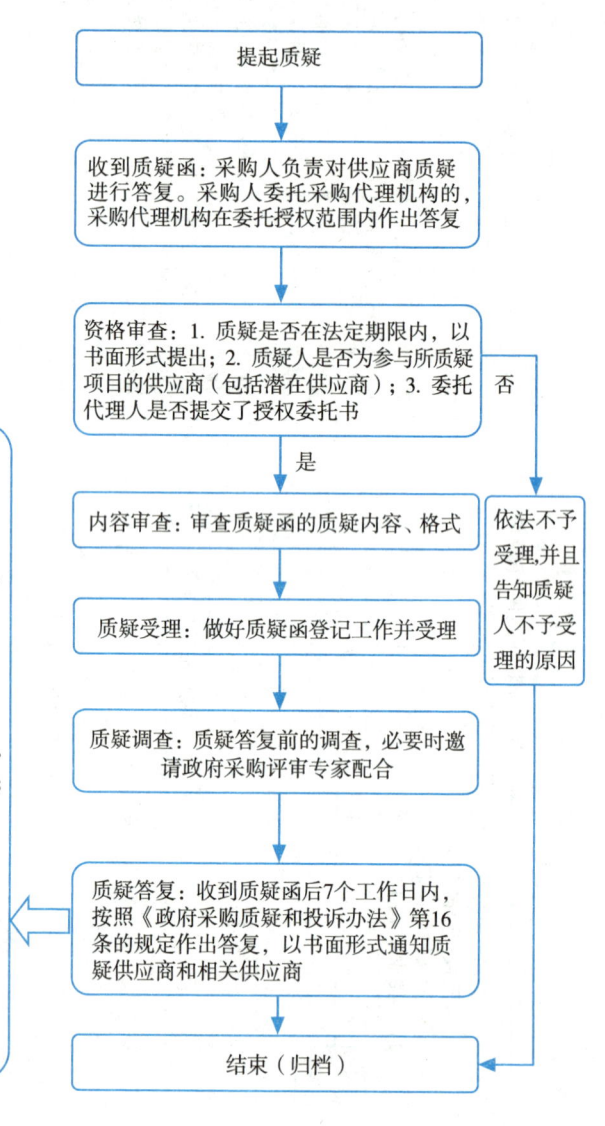

```
提起质疑
   ↓
收到质疑函：采购人负责对供应商质疑进行答复。采购人委托采购代理机构的，采购代理机构在委托授权范围内作出答复
   ↓
资格审查：1. 质疑是否在法定期限内，以书面形式提出；2. 质疑人是否为参与所质疑项目的供应商（包括潜在供应商）；3. 委托代理人是否提交了授权委托书
   │是                              │否
   ↓                                ↓
内容审查：审查质疑函的质疑内容、格式    依法不予受理，并且告知质疑人不予受理的原因
   ↓
质疑受理：做好质疑函登记工作并受理
   ↓
质疑调查：质疑答复前的调查，必要时邀请政府采购评审专家配合
   ↓
质疑答复：收到质疑函后7个工作日内，按照《政府采购质疑和投诉办法》第16条的规定作出答复，以书面形式通知质疑供应商和相关供应商
   ↓
结束（归档）
```

1. 质疑不成立或者成立但未对中标、成交结果构成影响的，继续开展采购活动。
2. 质疑成立且影响或者可能影响中标、成交结果的：
（1）对采购文件质疑，通过澄清或修改采购文件，可以继续开展活动，否则重新开展采购活动；
（2）对采购过程、中标或者成交结果质疑，可以从合格的中标或者成交候选人中另行确定中标、成交供应商的，应当另行确定中标或者成交供应商，否则重新开展采购活动。

政府采购投诉处理流程图

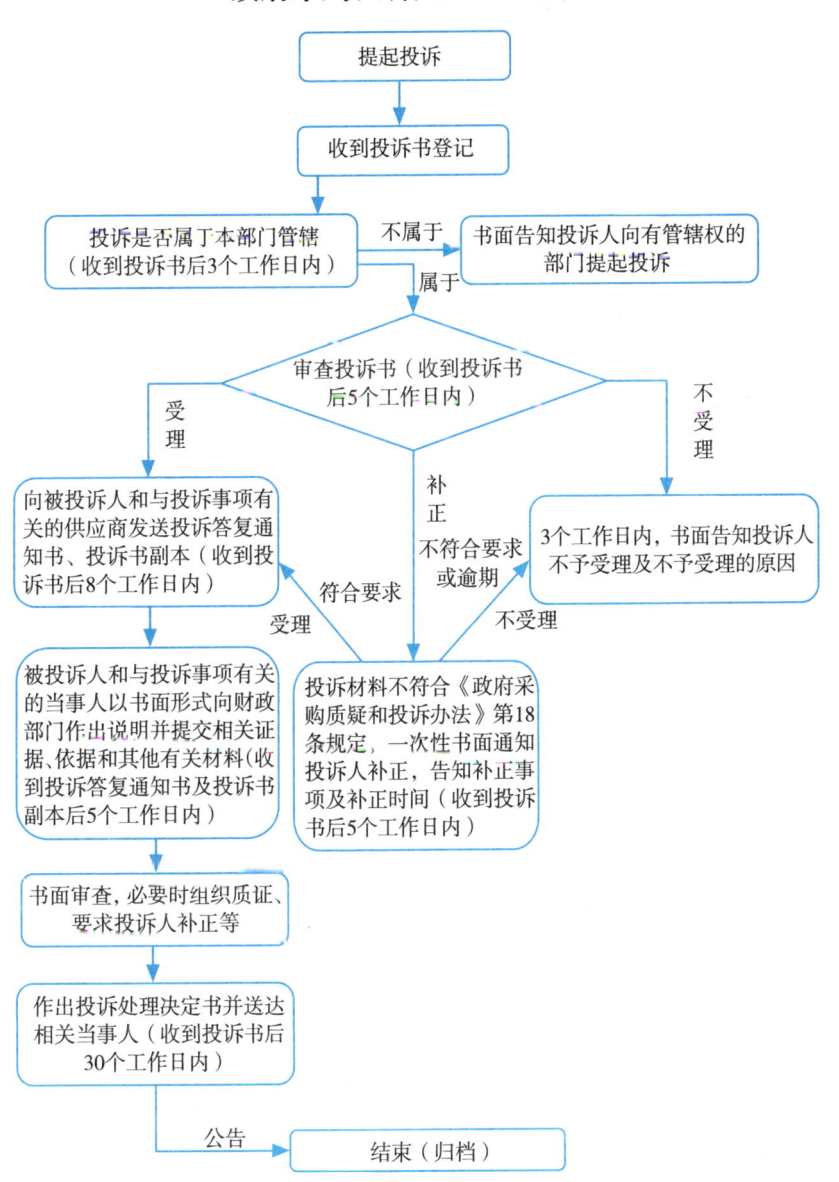

```
提起投诉
   ↓
收到投诉书登记
   ↓
投诉是否属于本部门管辖  ──不属于──→ 书面告知投诉人向有管辖权的部门提起投诉
（收到投诉书后3个工作日内）
   ↓属于
审查投诉书（收到投诉书后5个工作日内）
   ├──受理──→ 向被投诉人和与投诉事项有关的供应商发送投诉答复通知书、投诉书副本（收到投诉书后8个工作日内）
   │              ↓
   │          被投诉人和与投诉事项有关的当事人以书面形式向财政部门作出说明并提交相关证据、依据和其他有关材料（收到投诉答复通知书及投诉书副本后5个工作日内）
   │              ↓
   │          书面审查，必要时组织质证、要求投诉人补正等
   │              ↓
   │          作出投诉处理决定书并送达相关当事人（收到投诉书后30个工作日内）
   │              ↓
   │          公告 ──→ 结束（归档）
   │
   ├──补正（不符合要求或逾期）──→ 投诉材料不符合《政府采购质疑和投诉办法》第18条规定，一次性书面通知投诉人补正，告知补正事项及补正时间（收到投诉书后5个工作日内）
   │         符合要求──受理──↑
   │         不受理──→
   │
   └──不受理──→ 3个工作日内，书面告知投诉人不予受理及不予受理的原因
```

重要法律术语速查表

法律术语	页码
采购标准	第 105 页
采购代理机构	第 123 页
诚实信用原则	第 9 页
单一来源采购	第 54 页
等标期	第 64 页
恶意串通	第 118 页
废标	第 67 页
公开透明原则	第 8 页
公开招标	第 54 页
公平竞争原则	第 8 页
公正原则	第 8 页
供应商	第 37 页
供应商应知其权益受到损害之日	第 95 页
集中采购	第 120 页
集中采购机构	第 120 页
竞争性磋商	第 55 页
竞争性谈判	第 54 页
询价	第 54 页
邀请招标	第 54 页
政府采购项目	第 35 页
政府采购信息	第 21 页
质疑答复	第 96 页
质疑	第 95 页

参考书目

白如银、苏静编著：《政府采购合规指南：法条解读、案例梳理、实务流程图指引》，中国法制出版社2023年版。

陈津生编著：《政府采购工程、货物、服务评标方法一本通》，化学工业出版社2024年版。

吴华：《政府采购实务操作：常见问题与案例分析》，中国法制出版社2018年版。

张志军主编：《政府采购全流程百案精析》（第二版），中国法制出版社2023年版。

政府采购行政裁决指导性案例编写组主编：《政府采购行政裁决指导性案例解读汇编（二）》，经济科学出版社2024年版。

中国政府采购杂志社主编：《政府采购500问》（修订版），经济科学出版社2023年版。

图书在版编目（CIP）数据

政府采购法解读与应用 / 刘海龙编著. -- 北京：中国法治出版社，2025.5. --（法律法规新解读）.
ISBN 978-7-5216-4232-2

Ⅰ.D922.205

中国国家版本馆 CIP 数据核字第 20251DQ588 号

责任编辑：潘环环　　　　　　　　　　　　　封面设计：李　宁

政府采购法解读与应用
ZHENGFU CAIGOUFA JIEDU YU YINGYONG

编著/刘海龙
经销/新华书店
印刷/三河市国英印务有限公司
开本/880 毫米×1230 毫米　32 开　　　　　印张/7.25　字数/160 千
版次/2025 年 5 月第 1 版　　　　　　　　　2025 年 5 月第 1 次印刷

中国法治出版社出版
书号 ISBN 978-7-5216-4232-2　　　　　　　定价：25.00 元

北京市西城区西便门西里甲 16 号西便门办公区
邮政编码：100053　　　　　　　　　　　　传真：010-63141600
网址：http://www.zgfzs.com　　　　　　　编辑部电话：010-63141813
市场营销部电话：010-63141612　　　　　　印务部电话：010-63141606

（如有印装质量问题，请与本社印务部联系。）

【法融】数据库免费增值服务有效期截至本书出版之日起 2 年。